大学生常用应用文写作教程

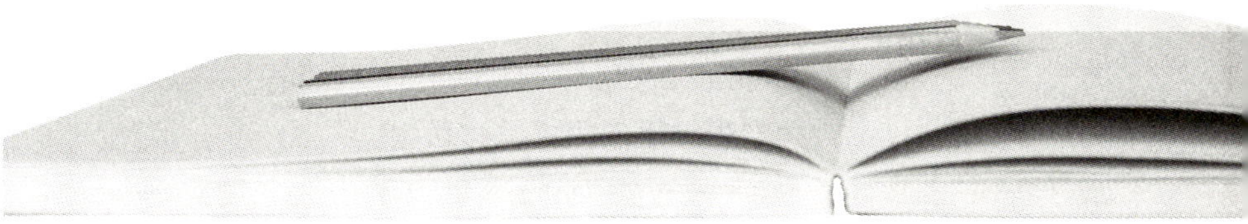

主编 ◎ 王荣珍　张　雪　周　杰

西南交通大学出版社
·成　都·

图书在版编目（CIP）数据

大学生常用应用文写作教程 / 王荣珍，张雪，周杰主编. —成都：西南交通大学出版社，2021.10

ISBN 978-7-5643-8070-0

Ⅰ. ①大… Ⅱ. ①王… ②张… ③周… Ⅲ. ①汉语－应用文－写作－高等学校－教材 Ⅳ. ①H152.3

中国版本图书馆 CIP 数据核字（2021）第 123722 号

Daxuesheng Changyong Yingyongwen Xiezuo Jiaocheng

大学生常用应用文写作教程

主编　王荣珍　张　雪　周　杰

责任编辑　赵玉婷

助理编辑　周媛媛

封面设计　原谋书装

出版发行　西南交通大学出版社
（四川省成都市金牛区二环路北一段 111 号
西南交通大学创新大厦 21 楼）

邮政编码　610031

发行部电话　028-87600564　　028-87600533

网址　http://www.xnjdcbs.com

印刷　四川森林印务有限责任公司

成品尺寸　185 mm × 260 mm

印张　10.75

字数　237 千

版次　2021 年 10 月第 1 版

印次　2021 年 10 月第 1 次

书号　ISBN 978-7-5643-8070-0

定价　36.00 元

课件咨询电话：028-81435775

前言

PREFACE

写作行为需要将纷繁的材料、凌乱的思想，经过反复的取舍、梳理逻辑、确定思路、安排结构，最后以文字的形式进行线性的表达，是对作者材料占有多少、主题是否正确、逻辑是否恰当、结构是否合理、主次是否突出、文字是否简洁、目的是否明确等全方面的考验。

事实上，当代大学生对写作的兴趣越来越低。在文学写作与应用写作两种写作类型里，学生普遍对应用写作的兴趣更低。然而，尽管学生对写作的兴趣呈现下降的趋势，应用文写作的重要性还是越来越得到各类组织的重视，成为重要选拔性考试和用人单位的考核内容。但很长一段时间以来，学界对应用文写作课程的关注点在于此课程未得到足够重视，而忽略了强调应用文写作课程本身的重要性。为此，我们根据“以学生为中心”的理念，提出了“按阶段、设版块、分层次”的思路，来将课程重要性问题切实落地。

本书具有以下几个显著特点：

一是围绕大学生需求进行内容取舍。本书删减了大量与大学生关联度不高的文种，按照学生当前需求、未来需求进行内容取舍，实现了文种与大学生需求的紧密关联。

二是结合大学生需求进行难易度设计。针对不同文种的多种写法，本书将难易度定位为“使大学生掌握常用文种的常规写法”，在避免当前多数教材体大不周缺陷的同时，满足学生当前学业所需和未来职业发展需求。

三是符合多数学校课程教学安排。本书的编写针对市面当前教材多内容驳杂、体例过大的问题，参照高校普遍的 30 ~ 48 课时教学量规定，进行内容、难易度设计，具有针对性和可操作性。

本书结构安排如下:第一章是应用文的认知,主要介绍应用文与文学作品、应用写作与文学写作的不同，以及应用文的特点、种类等内容。第二章是党政机关公文，选择了“通告、通知、通报、报告、请示、函”6个文种。第三章是事务性文书，选择了“计划、总结、调查报告、述职报告、会议记录、消息”6个文种。第四章、第五章是礼仪类文书和求职类文书，选择了“感谢信、慰问信、请柬”“求职信、简历、竞聘演讲稿”6个文种。第六章是论文类文书，选择了“开题报告、学术论文”2个文种，作为基础增加了“论文选题”项目。

本书由重庆文理学院王荣珍、张雪、周杰主编。具体分工为：王荣珍负责编写前言、绪论和第二、六章，张雪负责第三、五章，周杰负责第一、四章。在本书的材料整理、案例搜集、文字校对等方面，陈明媚、周清林、张红玲、李思琪、姜海露、龙雨几位同学提供了帮助，在此一并表示感谢。

由于时间仓促、能力有限，本书还存在疏漏、不足之处，敬请各位读者批评指正。

王荣珍

2020年4月

目　录

CONTENTS

基于学生本位的应用文写作课程改革设想（代绪论）

叶圣陶先生在1981年指出:“大学毕业生不一定要能写小说诗歌，但是一定要能写工作和生活中实用的文章，而且非写得既通顺又扎实不可。”事实上是我们发现，现在大学校园里的写作生态是：不论是文学写作还是应用写作，学生写作的兴趣普遍越来越低；其次是，在文学写作与应用写作两种写作类型里，学生对应用写作的兴趣更低。

和学生写作兴趣缺乏相反的是,应用文写作的重要性越来越得到各类组织的重视——国家公务员考试中“申论”的写作占据一半的比重，国企、事业单位选拔性考试题型中常包含“公文写作”的内容，研究生考试越来越重视“学术论文”的写作，许多企业希望新入职员工具有“计划、总结、调查报告”等文书的写作能力……应用文写作成为越来越多组织、考试在选拔过程中的考量标准。

在应用文写作能力重要性日益凸显的背景下，大学生写作能力缺乏的问题就更加突出。许多大学生不能很好地写作总结、计划、思想汇报等大学期间以及未来工作中常用的事务性文书，完全不了解党政机关公文的写作规范，不理解学术论文的写作要求，不能用礼仪文书提升交往质量。多数学生是在面临具体的写作任务和场景时，通过自学、模仿的方式解决问题。鉴于应用文的程式性特征，“模仿”的确是提升应用写作技能的重要途径，但是我们更应该认识到，应用文写作绝对不是作“八股文章”，更不是文字的游戏，一篇高质量的应用文，可以反映作者发现、分析、解决问题的能力，还能反映作者的务实能力、思维方式、知识素养、社会阅历。正因如此，应用文写作才作为对综合能力检验的手段，成为重要选拔性考试和用人单位的考核内容。

一、“难以解决”的真问题——师资配置与课程归属

师资配置和课程归属是提升应用文写作课程教学质量的瓶颈。

高校应用文写作课程的师资多依托中国语言文学专业，这看起来无可非议，但真实的情况却很棘手。近几年，博士成为高校招聘师资的“门槛”学历要求，但问题在于，在中国语言文学的二级学科设置里，几无写作类的博士学位。这就导致通常情况下，从事应用文写作课程的教师并无充分的相关写作训练经验，多是将这门课作为入职后的过渡性课程。这样“被迫”暂时成为课程教师的情况，在起点上，无法保证教学的质量，长远看，无法保证教学的稳定性和连续性。同时从更长远来看，提升课程教学质量还面临另外一个问题——课程教学和科研匹配度不高。“教研相长”是高校教师最良性的状态，对那些多是“被迫”“半路出家”承担应用文写作课程的教师来说，提升课程教学质量需要投入的精力并不能与科研成果形成良性、高效的互动，因此长远地限制了应用文写作课程教学质量的提升。

应用文写作课程还存在课程归属尴尬的问题。高校课程可以分为两类——必修课和选修课，对于必修课，学生无从选择，选修课的取舍标准多依据学生兴趣等个人因素。应用文写作课程面临的局面是：按照与学科的关联度，无法归属到必修课之中，亦不可能借助外在的力量“强制”学生必修；但在与其他选修课的竞争中，在学生依据个人兴趣、考核难易度等因素自选的标准下，该课程又不存在任何优势。客观地说，就这门课程的特征而言，很难在课程趣味性上获得很大的提升，更不可能通过降低考核标准的方式提升在选修课中的竞争力。

我们必须实事求是地承认，要在短时间内解决应用文写作师资配置不精准、课程归属不明晰的问题，是个很大的挑战。甚至，这些问题还将伴随这门课程很长的时间。所以，我们更倾向于将师资配置、课程归属视为“难以解决”的真问题，暂时搁置对外力干预和制度改革的期待，迫使自己回到更具有现实意义的问题上来。

二、重回问题的起点——真正地发现、发现真正的问题

许多学者指出，应用文写作课程在高校处于比较边缘的地位。这个观点的成立应该基于两个前提：一是应用文写作课程的重要性，二是这门课程尚未得到足够的重视。很长一段时间以来，学界的关注点都集中在第二点，在提出的改善、提升对策里，几乎全都指向“激发学习动机、改革教材内容、改革教学方法”[①]，似乎课程的重要性已是不争的事实。

我们认为，有必要将应用文写作课程的重要性重新提出来，并将这个问题落地。因为只有真正阐明课程的重要性，才能真实地解答“究竟如何激发学生动机”“依据什么标准取舍教材内容”“如何进行教学方法的改革”这几个问题。因此，我们愿意在他人研究的基础上“倒退”一步，重新回到这门课程的重要性这个起点上来。为此，围绕学生的认知情况和课程需求、用人单位的相关写作能力需求、教学部门存在的问题和可能提供的协助等问题，我们针对学生群体、用人单位、教学部门展开了三方调研[②]。之所以“同时”展开“三方”调研，有两个目的：一是通过三方对照真正明确存在的问题，力避空谈；二是通过相互约束明晰问题解决的范围，力避空想。最终做到“真正地发现”和“发现真正的问题”。

首先是针对学生大学期间接触频率较高应用文的调查。在调查中发现，针对“大学期间你常接触哪些应用文的写作”，学生选择了“总结、计划、请示、申请、报告、思想汇报、学术论文”等文种。针对“你对大学期间常用应用文的掌握程度如何”，80%以上的学生选择了“一般、不好”。针对“你通过什么方式完成以上文种写作”，76%以

① 杨春晓：《高校应用文写作教学存在的问题与对策》，教育探索，2012 年第 8 期。

② 本文所有数据和访谈均出自指导学生开展的“基于学生需求的应用文写作能力调查”“基于用人单位需求的应用文写作能力调查”“基于教学部门的应用文写作课程调查”。

上的学生选择了“网上查找、参考同学”等方式。在针对教师群体的访谈中，多数教师反映：“学生写作的请假条、申请书、总结、计划、思想汇报等文章普遍存在不规范或不符合要求的情况，雷同文章较多，存在比较严重的抄袭现象。一些重要的文章，像毕业论文、求职信、简历，要亲手给学生修改才敢送出去。”

在针对用人单位展开的应用文能力写作需求调查中，针对“你们单位对应用文的需求情况是”，64%以上的企业单位选择了“高、较高”。针对“你们单位使用频率较高的文种有哪些”，调查显示“通知、通报、总结、计划、报告、消息”是需求度最高的文种。针对“你对新入职员工应用文写作能力的评价”，72%以上企业选择了“掌握程度不够、掌握程度较差”。在针对已毕业学生访谈中，有多位受访者表示：“入职之后经常会接触总结、报告、新闻的写作，但是在学校并没有学过，也没办法跟领导解释自己不会，就只能去网上找，模仿着写，写完了还经常通不过。”

此外，我们在问卷中还专门设置了针对党政机关公文调查版块。针对“你是否了解党政机关公文”，63%以上学生选择了“不了解”。针对“你认为是否有必要学习党政机关公文”，明确选择“需要”的仅占 30%。但与此同时，在针对学生就业意向的调查中，80%以上学生选择了“公务员、国企、事业单位”。针对“你认为大学生学习党政机关公文有必要吗”，有教师在访谈中提到：

> 党政机关公文对所有学生都有必要。我们开展了多次面向区教育系统办公室主任、税务局通讯员的公文写作培训，这些单位都反映党政机关公文在工作中使用频率很高，而且出错率也高。在针对××区教育系统办公室主任的公文写作培训之前，我们获得了一个数据：在“最想掌握的技能”里，79.49%选择了“公文处理写作”。我们课程团队也参与了一些国有企业、事业单位的招聘考试出卷、阅卷工作，应用文写作和申论是最常选择的题型，因为能在短时间内反映出学生的综合能力。最后还有一点可能是大家容易忽略的，就是党政机关公文是最高标准的写作训练，它的格式规范、语言规范、处理规范以及隐含的思维方式等是其他所有应用文的基础，学好了党政机关公文再过渡到其他文种是很容易的，而没学过党政公文的学生，写申论、学术论文、计划、总结这些文种时语言是飘的、结构是散的、思路是混乱的。

我们还围绕应用文写作的教学进行了调查。针对“你是如何取舍这门课的教学内容的”，有教师在访谈中回答：“我们学校这门课原来是针对文秘和非文秘两个专业方向同时授课，针对文秘专业的叫‘公文写作’，2 学期 96 课时，非文秘专业 1 学期 32 课时，我是在文秘专业的授课内容基础上进行取舍，删了一些没必要的，比如介绍信、合同书，也会根据专业特点加一些，比如针对旅游管理专业，就加了‘商业广告’‘演讲稿’，当时主要是为了增加课程趣味性。”针对“你觉得这门课程教学内容安排怎么样”，有学生回答：“老师确实一直强调这门课很实用，但我就是觉得太乱了，感觉什么都学了，但最后什么都没学到，每个文种有什么作用，当时都没有说清楚。”针对“你对自己这门课的教学评价是什么”，有教师提道：“不是太好。因为刚接手这门课是真的不了解，也没有时间去详细了解，虽然也认为这门课实用，但具体怎么实用说不出来，不了解学生的水平，也不清楚学生的需求，既不是按照自己的想法来，也不是根据学生的需求来，就是按照教材讲。”

我们还设计了针对教学方式的调查。针对“你在讲课过程中采用的是哪种教学方式，评价怎么样”，有教师回答：“我们课时划分是 16 课时理论讲解，16 课时实训，所以一般采用的是先讲后练、当堂点评的方式，后来发现这种方式不是很好，因为没有时间看学生的作文，不了解出错的地方，所以点评没有针对性。后来改成当堂作文、教师评阅返回作业、点评作文、总结问题，效果好了很多。”针对学生群体的调查中也佐证了教师的感受，2017 级学生对课程的满意度是 30%，2020 级学生对满意度达到了 76%。

综上所述，我们调查得到以下几个结论：一是针对大学期间接触频率非常高的应用文，多数学生并不能很好地掌握；二是在用人单位需求和学生实际能力之间，存在巨大的不匹配；三是关于应用文写作在重要选拔性考试中的作用，学生尚缺乏基本的认识；四是针对应用文这个体系庞大的文类，许多教师、教材没有清晰的取舍标准；五是在课程教学方式和考核上，这门课程仍存在较大的改革空间。这些结论共同指向一个问题——对学生需求缺乏全方位的把握，不能根据学生需求取舍教学内容、设计教学方式。

三、推进课程改革的思路——按阶段、设版块、分层次

要重新确定学生的课程需求，首先需要转变思路，既要舍弃原有的在文秘专业学生课程需求基础上进行取舍的方式，也要摒弃按照“应用文”的文种内容进行取舍的方式，代之为当代大学生更为普遍和具体的需求。因此，我们根据“以学生为中心”的理念，提出了“按阶段、设版块、分层次”确定学生需求的思路。

“按阶段”是将学生需求分为当前需求和未来需求，根据满足当前需求或未来需求的原则对应用文文种进行取舍。目前教材通行的是将应用文分成 8 ~ 12 个文类[①]、涵盖 45 ~ 70 个文种的做法，大到党政机关公文 15 种，小到经济文书中的产品使用说明书，力求全部覆盖。这种设计固然全面，但却并不实用。对学生而言，并不是所有文类、文种都有学习的必要；对教师而言，也不可能在有限课时内讲解那么多文种。因此，我们认为按照大学生需求取舍文种是更具针对性和实用性的做法。为此，我们提出了以学生

① 8 ~ 10 个文类大体包括：党政机关公文、行政事务文书、规章制度文书、会议文件、经济事务应用文、宣传文书、礼仪文书、日常事务应用文、传播类文书、毕业类文书。

当前需求和未来需求为确定课程取舍标准的原则。具体来说，当前需求是针对学生大学期间的学习、实习、日常交往三个方面，涉及计划、总结、学术论文、礼仪文书等文种。未来需求是针对学生毕业、求职、选拔性考试、入职初期等环节，分别对应了毕业论文、求职信、简历、党政机关公文等文种。按照既覆盖当下也关照长远的原则，我们删掉了大部分文种，如规章制度文书、经济类文书等，并对保留文类中的文种进一步进行删减，如删掉党政机关公文中的“命令、决议、公报、公告”等，仅保留了20个文种，既确保和学生需求的直接关联度，也符合多数高校的课时安排。

“设版块”即将以上20个文种分设5个版块，分别是党政机关公文、事务性文书、礼仪类文书、求职类文书、论文类文书。“5个版块”对应国家公务员考试、企事业单位招聘、日常交往、求职关键环节、研究生考试各方向和阶段的需求。

第一个版块是党政机关公文，选择了“通告、通知、通报、报告、请示、函”6个文种。之所以将党政公文作为第一个版块，原因有二：一是党政公文尽管并非学生当前所需，但却在国家公务员考试、企事业单位招聘中占据非常重要的位置；二是党政公文具有最高的语言、格式规范，极度简练、高度实用，是其他所有应用文的典范，许多文种都是从党政公文机关上转换而来。

第二个版块是事务性文书，选择了“计划、总结、调查报告、述职报告、会议记录、消息”6个文种。事务性文书既是学生大学期间就需要反复写作、提交的材料，也是入职初期接触频率最高的文书。事务性文书往往内容较丰富、结构较复杂，需要充分的练习才能掌握，大学期间讲授事务性文书，正好可以利用学生在校期间丰富的实践机会加以纠正或巩固，既确保学生高质量完成相关学业材料，又可以提升其在求职过程中的竞争优势。

第三、四个版块是礼仪类文书和求职类文书，礼仪类文书选择了“感谢信、慰问信、请柬”3个文种，求职类文书选择了“求职信、简历、竞聘演讲稿”3个文种。目的是使学生能高质量完成求职必备文书的写作，同时引导学生善于运用礼仪类文书处理人际交往关系、增进人际交往能力，确保学生素养结构的全面，提升学生在求职环节的竞争优势。

第五个版块是论文类文书，选择了“开题报告、学术论文”2个文种，作为基础增加了“论文选题”项目。论文类文书是每个大学生都会接触的文书类型，是学生取得学位证书的必要条件，是国家研究生考试的重要考核内容。许多学生到大四才接触学术论文的写作，对论文写作的重要性和规范缺乏必要的认识，加之时间紧任务重，导致出现抄袭、剽窃等学术不端行为，最终造成严重后果。近几年，论文写作作为最能反映学生学术素养的手段，日益得到高校的重视，在研究生考试中发挥越来越重要的作用，越来越多的学校正在以“论文写作”取代原有的以简答题、论述题为主的考核形式，只有利用本科阶段尽早培养学术素养，才能在竞争激烈的研究生考试中展现优势。

“分层次”是将整个应用文写作课程的教学按照层次分为基础的知识层次和长远的思维层次。首先在基础上使学生能够辨别不同文种的适用范围、掌握文种的写作规范，具备运用应用文处理学业工作、增进交往沟通的能力。在基本能力之外，还希望学生能够学习到应用文写作蕴含的思维方式和写作意识，如党政机关公文的规范意识，事务性文书的灵活性和布局意识，求职类文书、礼仪类文书写作中换位思考的重要性，论文类文书的批判性和思辨性，以及材料选择、逻辑关系、结构安排等背后的规律和方法。“分层次”的设计给该课程的教学提供了基础目标，同时提供了更远的努力方向，力求确保完成课程基本目标的同时，实现与其他课程在能力、思维方式上的贯通。

要而言之，“按阶段”是对应用文文种进行取舍的标准，确保文种、学生、教学之间的关联和制约；“设版块”是对选择文种的精简方法，确保覆盖学生需求前提下的精炼高效；“分层次”是对课程教学目标的分层明确，确保课程目标的科学和视野的保障。

全部课程设想如下表：

设版块	按阶段		分层次	
	当前需求	未来需求	知识层次	思维层次
党政机关公文类 通告、通知、通报、报告、请示、函		√	√	法治意识 规范意识 务实思维
事务性文书类 计划、总结、调查报告、述职报告、会议记录、消息	√	√	√	结构意识 逻辑意识 反思意识
礼仪类文书 感谢信、慰问信、请柬	√	√		换位思考 亮点意识 个性原则
求职类文书 求职信、简历、竞聘演讲稿		√	√	人本思想 情怀意识
论文类文书 论文选题、开题报告、学术论文	√	√	√	思辨意识 批判思维 创新意识

结语：应用文写作是对写作者综合能力的检验

前面的论证和设想，都是对一个问题的解答——“如何确保学生从应用文写作课程中真正受益”。我们用学生求职意向最高的国家公务员考试、企事业单位招聘、研究生招生考试对应用文写作的重视来强调应用文学习的重要性，并不是认同这种求职生态的合理性，而是要借此证明，应用文写作已经成为当代大学生必备的写作技能。而且归根结底，以上机构、单位对应用文写作的重视，是因为应用写作是对写作者综合能力的检验。因为写作行为需要将纷繁的材料、凌乱的思想，经过反复地取舍、梳理逻辑、确定思路、安排结构，最后以文字的形式进行线性的表达，是对作者材料占有多少、主题是否正确、逻辑是否恰当、结构是否合理、主次是否突出、文字是否得当、目的是否明确等全方位的考查。在此基础上，我们愿意再次强调大学生学好应用文的重要性和推进应用文写作课程教学改革的必要性。

第1章

应用文的认知

宽泛地说，一切具有实用性目的的文章都可以称之为应用文。应用文之所以是有独特性的文体类型，原因在于应用文写作和文学性写作的不同。文学性写作追求审美性，应用文写作追求实用性。写作目的的不同决定了两种写作类型在表达方式、文章风格等方面的不同。整体而言，应用文具有实用性、真实性、规范性、时效性、针对性。

第一节　文学写作与应用写作

【学习目标】

1. 理解应用文的内涵
2. 理解应用文与文学作品的区别
3. 掌握应用文的特点、种类

严格来说，文学作品和应用文并不是全无交叉的两种文章类型。比如带有文学色彩的贺词、悼词等礼仪性文书，一些既有感性色彩又有理性色彩的学术论文和政论文，就既属于应用文也属于文学性作品。但是，就写作类型而言，文学写作和应用写作存在明显的区别，尤其是在写作目的、表现手法、语言风格这些方面，两种写作类型的差异是很明显的。对这些差异的了解，既有助于更好地理解两种写作类型的不同功能，也有助于更好地掌握应用文的特点、规范和写作要求。

一、写作目的的不同

文学写作的目的是表达作者对客体个性化的理解。作家米兰·昆德拉说："小说家画出存在地图，从而发现这样或那样一种人类可能性。"这句话的意思是说，小说表达的是生活的可能性而非必然性。在我们熟悉的许多文学作品里，都会看到作者个人的认识、倾向、观点，但这些认识、倾向、观点往往是带有个人主观色彩的。像余华的《现实一种》对人性中暴力一面的描写，就是表达余华个人对"现实"的一种个性化的理解；像余光中的《乡愁》，也是表达诗人个人的一种思乡情绪。这些作品传播到读者那里后，会引起一定的共鸣，但是从写作目的这个出发点上，作者一开始追求的就是相对"个性"而非普遍"共性"的东西。

应用写作的目的是追求实用性。应用文的写作是为了解决现实中的具体问题——通知的写作是为了布置工作、通知事项，请示的写作是为了"要人、要钱、要物、要指示"，计划、总结的写作是为了推动工作开展，等等。每一个具体的文种都是为了解决具体的问题。因此，应用文的写作通常是党政机关、企事业单位、社会团体及其下属机构和部门的共性意愿和需求，更追求共性和共识。

二、表达方式的不同

文学写作通常会综合运用多种表达方式和艺术手法。文学写作可以运用顺叙、倒叙、插叙等叙述手法，可以运用侧面描写、间接描写等描写手法，可以运用借景抒情、间接抒情等抒情手法，还可以运用比喻、夸张、拟人、反讽等艺术手法对材料进行取舍、加工、提炼，引导读者进入情景、感同身受，引起读者的共鸣和共情。像朱自清在《荷塘月色》中描绘荷塘景象时就写道：

曲曲折折的荷塘上面，弥望的是田田的叶子。叶子出水很高，像亭亭的舞女的裙。层层的叶子中间，零星地点缀着些白花，有袅娜地开着的，有羞涩地打着朵儿的；正如一粒粒的明珠，又如碧天里的星星，又如刚出浴的美人。微风过处，送来缕缕清香，仿佛远处高楼上渺茫的歌声似的。这时候叶子与花也有一丝的颤动，像闪电般，霎时传过荷塘的那边去了。叶子本是肩并肩密密地挨着，这便宛然有了一道凝碧的波痕。叶子底下是脉脉的流水，遮住了，不能见一些颜色；而叶子却更见风致了。

“亭亭”运用拟人表现了荷叶的风姿秀丽，“舞女的裙”运用比喻写出了荷叶临风摇曳的姿态，“微风过处，送来缕缕清香，仿佛远处高楼上渺茫的歌声似的”运用了通感的修辞手法。这说明文学写作会综合运用多种表达方式和艺术手法来展现语言的艺术。

应用写作运用的表达方式通常比较单一，一般不运用艺术手法。应用写作的材料来源必须真实，在材料真实的基础上较多运用说明、议论等表达方式，通过摆事实、列数据、讲道理等方式达到实用的目的。

三、文章风格的不同

文学写作追求语言的生动性、风格的多样性。文学写作以人物的形象、语言的生动、风格的多样取胜，往往作用于读者的感性系统，力求通过人物形象、故事情节、真情实感打动读者。“一千个读者心目中有一千个哈姆雷特”就直接概括出了文学作品的风格。一篇文学作品在不同的读者那里可以引起不同的感受和评价，甚至越是经典的文学作品越容易引起读者的不同感受。

应用写作则要求语言明白、简洁、准确、平实、直接。与文学写作作用于读者的感性系统不同，应用写作是直接作用于读者的理性系统，要求开门见山、简明扼要、观点鲜明、传达共识。一个具体的文种在不同的受文对象那里，只能形成一种理解，如果“仁者见仁、智者见智”，就无法展现应用文实用性的特征，也无法解决具体的问题，甚至可能引起工作的混乱。

除写作目的、表达方式、文章风格之外，文学作品和应用文在时效限定、思维方式、接受对象、结构安排等方面还存在差异：文学作品不受时效的限定，经典作品可以跨越时空，应用文却有明确的时效性；文学作品是作者感性思维和理性思维相融合的产物，应用文更依赖于作者的理性思维；文学作品没有特定的读者，应用文的受文对象有明确的限定；文学作品追求结构的多样性，应用文在文章结构上有一定的程式性。归根结底，应用写作是追求实用性的写作形式，应用文最重要的特点就是实用性，在文种选择、内容与格式、处理程序等方面的诸多严格规定，都是为了确保其实用性。

第二节　应用写作与应用文

应用写作是以实用为目的的写作实践活动和行为过程。

“实用”既是应用写作最重要的目的，也是应用写作区别于文学写作的根本不同。要更准确地理解应用写作的实用目的，先要从文章的起源说起。

“甲骨刻辞”被认为是我国文章的起源。我国古代占卜多用兽骨，一般是将要占卜的事项刻在兽骨上，然后用火灼烧，根据兽骨反面裂出的纹路判断凶吉。因为兽骨一般采用龟的腹甲或牛的肩胛骨，“甲骨文”由此得名。这些被刻在甲骨上的卜文，就被称为“甲骨刻辞”，是我国已发现的最早的文字体系。由甲骨刻辞可知，文章从起源起就以追求“实用”为目的。在此之后，伴随经济的发展、物质的积累，人们对文化的需求也不断提升，文章与生活的联系更加紧密，在文章的“实用”价值之外，人们又对其产生了娱乐、抒怀等非“直接效用”的需求，从而产生了应用写作和文学写作两种写作类型，而应用写作则始终延续了文章从起源起就追求实用的特点。在这一层面上可以说，实用性既是应用写作的目的，也是应用写作的要求。

现代应用文是处理公私事务活动中形成、使用的有规范或惯常格式和直接效用的文章，是处理公私事务的凭据。

“公私事务活动”指的是应用文按照适用范围可以分为公务应用文和私务应用文。

“规范格式”和“惯常格式”可以从“法定使成”的格式规范和“约定俗成”的格式规范两个方面去理解。

“规范格式”指的是“法定使成”的格式规范，是指由专门机关通过专门文件对相应文类或文种的结构制定的规范和要求。比如国务院就通过《党政机关公文处理工作条例》，对党政机关公文的格式进行了明确的规定，再比如《中华人民共和国合同法》，对合同书的格式规范也提出了明确的要求。

“惯常格式”指的是“约定俗成”的格式规范，主要针对党政公文之外的事务性文书、礼仪类文书而言，尽管没有专门的机关或文件对这类文书的格式进行规定，但根据人们在长期写作实践中总结的经验，还是形成了约定俗成的格式规范。比如慰问信、请柬等礼仪文书中，并没有问候语和祝颂语的规定，但依据约定俗成的原则，还是形成了开头问候、结尾祝颂的惯常格式。

“直接效用”也即应用文的实用性。广义地讲，所有的文章都有一定的“作用”，小说有娱乐的作用，诗歌有抒怀的作用，但文学作品的作用常常是通过叙事、托物等间接的方式产生的，应用文则以最直接的方式追求效用。

“处理公私事务的凭据”指的是应用文在本质上是一种工具。党政机关公文是党政机关实施领导、履行职能、处理公务的工具，事务性、会议类文书是党政机关、社会团体、企事业单位处理日常工作、提升工作质量的工具，礼仪类文书是满足组织或个人联络感情、增进交流的工具，论文类文书是团体或个人发表观点、获得学位、晋升职称的工具。

要而言之，现代应用文的形成经历了漫长的演变，在演进过程中，文类、文种、格式、语言等要素被逐渐规范。这个逐渐规范的过程，就是为了确保应用写作最初的、也是最终的目的得以实现——实用性。

第三节　应用文的特点与种类

一、应用文的特点

对应用文特点的认识，常常是在与文学作品的相互对照中进行的。根据应用写作与文学写作、应用文与文学作品表现出的差异，应用文的主要特点可以归纳为：**实用性、真实性、规范性、时效性**。

（一）实用性

实用性是应用文最重要的特点，也是应用文区别于文学作品最根本的特点。

之所以将实用性作为应用文最重要的特点，原因在于——应用写作延续了文章最早的实用功能，追求实用性是应用写作和文学写作最根本的不同。实用性不仅是应用文最重要的特征，还是理解应用文的钥匙，对理解应用文的其他特点有统领作用。

从整个文类的角度而言，所有的应用文文类都具有实用的特点：党政机关公文要能够满足党政机关实施领导、履行职能、处理公务的需要；会议类文书要满足机关、组织、部门指导工作、记录动态、总结交流经验的需要；即使是礼仪类文书，也要满足我们维系社会关系、增进情感交流的需要。

具体到特定的文种，我们会发现不同的文种有不同的实用性：通告适用于在“一定范围内公布应当遵守或者周知的事项”，通报适用于“表彰先进、批评错误、传达重要精神和告知重要情况”，报告适用于“向上级机关汇报工作、反映情况，回复上级机关的询问”，请示适用于“向上级机关请求指示、批准”。

“实用性”是理解应用文常识、掌握应用文写作技能最重要的“钥匙”。我们会发现，在选择文种时，需要仔细、综合考量发文机关、主送机关、要求、目的等所有信息，才能准确地确定文种。同样一则需要告知对方的信息，当发文机关级别较高且涉及重大事项时，可以使用“公告”或“通告”，其他情况只能使用“通知”；主送上级机关要使用“报告”，主送下级机关可以选择“通知”或“通报”，主送不相隶属机关，则要使用“函”或“简报”。

以上还只是在应用文文种选用时要考量的问题，当确定文种后进行具体的写作时，还需要根据相应的文种遵循不同的语言、格式、程序、礼仪等规范。我们会发现，应用文的认知、应用写作能力的掌握，是一个复杂、繁琐甚至充满陷阱的过程。但也只有在这样的前提下，当我们收到一个具体的文种，才能非常快速、准确、直接地知晓其要求和目的。这时我们就会认识到，应用文的“复杂”和“繁琐”正是其严谨、准确的体现，因为只有绝对的严谨、高度的准确，才能确保应用文真正的“实用”。

因此，实用性在应用文特征中具有十分重要的地位，不仅如此，应用文其他的特点——真实性、程式性、工具性、时效性，都是对应用文实用性的保障和强化。明确了这一点，我们就要时刻谨记、紧紧围绕应用文实用性的特点，从实用性这个初衷出发去理解应用文，掌握应用写作技能。

（二）真实性

真实性是应用文在内容上的特征。真实性可以从两个角度来理解：信息来源的真实、信息表达的真实。

信息来源的真实是要求应用文提供的素材必须真实可靠。应用文涉及的事实必须是真实发生的事件或客观存在的情况，事件的要素——时间、地点、人物、过程、经过、结果，必须绝对真实，不能有任何的虚构。否则不仅影响应用文的实用性，而且可能带来非常恶劣的影响。以通报的写作为例，通报主要适用于“表彰先进、批评错误、传达重要精神和告知重要情况”，真实性就要求通报对先进事迹、不良行为、重要情况的陈述必须绝对真实，否则就不能满足通报通过陈述、评价、处置行为达到教育和警示的作用。如果歪曲、虚构事件，还将严重损害党政机关公文的功能和发文机关的权威。

信息表达的真实是要求应用文对信息的呈现必须实事求是。在素材真实的基础上，对素材的处理和表达也应该真实。以会议通知的写作为例，会议通知的缘由、时间、地点、注意事项都应该做到真实。

理解应用文的真实性时，我们还要能辨析“现实真实”与“艺术真实”之间的差异。文学写作尽管会用到虚构的手法，但我们并不能一概而论说文学作品是“虚假”的。以卡夫卡的《变形记》为例，尽管小说虚构了一个人变成甲壳虫的故事，但却反映了一种真实的感受和体验。我们称这样的真实为“艺术真实”。需要注意的是，应用文的真实不能是“艺术真实”，只能是“现实真实”，信息的来源、处理，以及最终的呈现，都必须与现实形成对应关系。

真实性是应用文实用性的保障——只有真实，才能实用，才能产生“直接效用”。

（三）规范性

应用文的规范性包括格式的规范性和语言的规范性两个方面。

格式的规范性也即前面提到的“规范格式和惯常格式”，党政机关公文和规章制度类文书的写作多遵循规范格式，事务性文书、礼仪类文书的写作多按照惯常格式。尽管不同的文书类型对格式的要求比较灵活，但就应用文这个整体而言，对格式的规范性是有明确要求的。这一点通过与文学作品进行对比就会更加明显——没有任何机构、部门可以规定一部小说应该按照什么格式进行创作，或文学作品应该遵循什么样的格式规范。

语言的规范性指的是不同的应用文种类对语言有一定的要求。比如党政机关公文的语言应该做到准确、简练、明白、直接、平实，不能模糊、含蓄、委婉，一般不使用修辞，不使用抒情这样的表达方式；礼仪类文书的语言应该做到庄重、典雅，可以适当使用修辞，可以综合使用多种表达方式。

语言的规范性还体现在可以通过使用专门用语来实现应用文语言的准确和文风的简洁。比如可以使用“我（们）、本、你（们）、贵、他（们）、该”等作为称谓语，使用“由于、鉴于、为（了）、根（依）据、遵（按）照”等作为领起语，可以使用“为此、特、有鉴于此”等作为过渡语，使用“专此、特此”等作为结束语。

规范性是应用文实用性的另一重保障——从格式上确保文章的内容可以条理清晰、逻辑严密地呈现出来，从语言上确保文章的内容准确、明白、简练、无歧义，从而发挥文种具体的实用。

（四）时效性

应用文的时效性包括写作的及时性和效力的时效性两个方面。

写作的及时性是指必须在合适或规定的时间内完成文种的写作。应用文的出现就是为了解决具体的现实问题，这就要求应用文必须在最短或规定的时间内完成，不能拖延。以通知中的会议类通知为例，确定会议的主题、时间、地点等要素后，就要尽快完成通知的写作并发布下去，这样才能使与会人员做好准备。再以事务性文书中的总结为例，当工作进行到一个阶段，就需要尽快展开总结，否则不能达到及时总结经验教训、发现问题不足、用以指导今后工作的目的。

效力的时效性是指每个文种的有效时间是有限定的。应用文只在特定的时间内发挥作用，我们常常看到党政公文里会出现“即日起生效”，或“某某文件即日起废止”，就是对文件生效时间或作废时间的说明。在党政公文之外的应用文中，尽管常常没有明确写明生效时间和作废时间，但也会根据关涉事件的进展有一定的时间限制，比如邀请信和请柬的内容，就只在事件开始之前有效，事件结束，效力就自然作废。

应用文的时效性也是对实用性的保障，因为应用文的内容都是针对特定群体、事件、情况展开的，当群体、事件、情况发生变化时，应用文的内容就需要进行调整。因此，约定应用文的时效性，可以更好地发挥应用文实用性的特征。

（五）针对性

应用文的针对性表现在受文对象的针对性和内容的针对性两个方面。

受文对象的针对性指的是应用文的内容只针对特定的对象有效。在党政公文里，通知和通报，就只针对特定的下级机关有效；报告和请示，就只针对相应的上级机关有效；即便像“通告”等公文常常没有主送机关，也只针对职权范围内的群体或个人有效。礼仪类文书也是如此，不论是邀请信、感谢信、请柬，都只对收件人有效。

内容的针对性指的是应用文是围绕工作或生活中特定的事件、情况而写成的，因此内容只针对特定的事件、情况有效。比如“教育部关于2020年全国高考时间安排的公告”，就是针对“2020年高考时间安排”这个事件进行发文，因此也只针对“2020年高考”有效。再比如结婚请柬，针对的是特定两个人结婚这样一个事件，决定了请柬只适用于作为这一事件的参与凭证，而不能适用于其他事件或场合。

二、应用文的种类

应用文的种类非常丰富。从国家机关到组织个人，从公共事务到私人沟通，各行各业、大事小事都会用到应用文。

按照不同的角度和标准，可以将应用文分为不同的种类。

按照适用范围的公开程度，应用文可以分为公务应用文和私务应用文。公务应用文也即广义上的“公文”，指的是适用于一切公共事务的应用文，既包括党政机关公文，也包括处理公共事务的计划、总结、会议记录、简报等文书。私务应用文主要适用于个人事务，其公开程度较低。如感谢信、慰问信、请柬等，主要适用于社会团体或个人维系感情、增进交流。

按照是否有专门机关、专门文件对内容、体式进行相应的规定，应用文可以分为规定性应用文和非规定性应用文。规定性应用文包括党政机关公文和法规类规章制度文书，对发文机关、制定程序、内容及格式都有严格的规定。非规定性应用文指的是规定应用文之外的文书，包括事务性文书、行业类文书、礼仪类文书等，内容非常广泛，形式相对灵活。

按照发文机关级别、适用行业、执行要求等不同，应用文还可以划分为许多种类。应用文种类的丰富，正好证明应用文对党政机关、企事业单位、社会团体等处理工作具有非常重要的作用。这里，我们按照应用文与大学生的关联程度，选择以下几个应用文的种类作为重点学习内容。

（一）党政机关公文

党政机关公文是党政机关实施领导、履行职能、处理公务的具有特定效力和规范体式的文书，是传达贯彻党和国家的方针政策，公布法规和规章，指导、布置和商洽工作，请示和答复问题，报告、通报和交流情况等的重要工具。

党政机关公文属于公务应用文，同时属于公务应用文中的规定性公文。公务应用文说明党政机关公文适用于处理公共事务，规定性公文的“规定性”具体来说体现于《党政机关公文处理工作条例》和《党政机关公文格式》两个重要的文件。

根据《党政机关公文处理工作条例》，党政机关公文共 15 种。包括：决议、决定、命令（令）、公报、公告、通告、意见、通知、通报、报告、请示、批复、议案、函、纪要。其中与大学生联系比较密切的是通告、通知、通报、报告、请示、函，也是本书重点讲解的对象。

（二）事务性文书

事务性文书是党政机关、企事业单位、社会团体在日常工作中沟通信息、研究问题、布置工作、总结得失时使用的一系列文书的统称。事务性文书的种类非常广泛，使用频率较高的有计划、总结、调查报告、述职报告、会议记录、消息，也是大学生学习期间和入职后会频繁接触到的文书类型。

和党政机关公文相比，事务性文书相对灵活。使用主体上，上到国家机关、下到企事业单位、社会团体及其部门，都可以使用事务性文书处理日常工作。格式上，因为内容的或繁或简，事务性文书通常没有统一的文本格式。

（三）礼仪类文书

礼仪类文书是党政机关、企事业单位、社会团体、个人在社会交往、礼仪场合、商务宴请中使用的应用文书。常用的礼仪文书有感谢信、慰问信、请柬、贺词等。

（四）求职类文书

求职类文书是求职者在求职过程中向用人单位呈现个人的学识能力、专业技能、职业特长、求职意向等内容时使用的一系列书面材料。常见的求职类文书有求职信、自荐信、简历。

（五）论文类文书

论文类文书是用于表达学术观点的文书类型，根据学科的不同，可以分为社会科学论文和自然科学论文。

论文类文书是所有在校大学生必然会接触到的文书类型，对于体现学生学术素养、检验学生学术能力以及本科阶段后的学业提升有非常重要的作用。因此，按照与大学生的关联程度，本书选择了开题报告、学术论文两类文书，同时出于必要性，还在开题报告、学术论文前加入了论文选题的内容。

第四节　应用文的主旨、材料、语言

一篇完整的应用文，由主旨、材料、结构、语言四个要素共同构成，这四个要素相辅相成，缺一不可。我们常常是在对一定材料的积累和分析基础上，形成一定的、具有模糊性的主旨，然后针对特定的情景、工作、任务，形成相对具体的主旨，第二步是根据这个具体的主旨，我们重新审视、取舍材料，对材料进行顺序和层次的安排，形成文章的结构。最后是用得体的语言进行表达，实现主旨、材料、结构、语言的相辅相成。

不同的文种对文章的结构有不同的要求。大体而言，党政机关公文、论文类文书对文章的结构有较严格的规定，事务性文书、礼仪类文书、求职类文书的结构则比较灵活。应用文的结构最重要的是确保文章的实用，正所谓“文无定法”，因此结构部分将结合具体的文种进行说明。

一、应用文的主旨

文章的主旨是指一篇文章的中心思想和基本观点，主旨是文章的核心，因为它决定了材料的取舍、结构的安排、文字的风格。在应用文中，主旨往往体现为：写作的意图、做出的决定、施行的措施、总结的经验、表达的观点等。

（一）应用文主旨的表达原则

应用文的主旨在表达时应遵循三个原则：正确性、明确性、集中性。

正确性。在不同的应用文类型中，主旨的正确性原则有不同的体现。在党政机关公文中，主旨的正确性指的是政治正确，符合党和国家的法律法规、方针政策，符合客观情况和事物发展的本质规律，绝对不能偏离甚至违背国家指导路线和方针政策。在计划、总结等事务性文书中，主旨的正确性体现在符合工作实际和事物发展规律。

在求职类文书、礼仪类文书中，主旨的正确性体现在正确表明意图，传达积极正面的信息。在论文类文书中，主旨的正确性体现在论据、论证、论点的正确融合，符合逻辑规律，能够自圆其说。

明确性。明确性指的是应用文的主旨不仅应该做到鲜明，还要力求单一。应用文的主旨不允许出现多种理解，一则指导工作的通知发布后，不能在不同的受文对象那里产生不同的理解，这样就会给工作造成混乱。再比如，党政机关公文规定，"报告中不能夹带请示事项"，就是指报告的主旨是汇报工作，请示的主旨是请求指示或请求批准，一旦报告中夹带请示事项就会使文章的主旨不够明确。事务性文书、求职类文书、礼仪类文书、论文类文书中同样如此，受文对象、读者关于主旨只能有一种理解。这就要求应用文不能像文学作品的主题那样含蓄隐晦，更不能含糊不清，提倡什么，禁止什么，要明确提出，必须一清二楚，使人一目了然。

集中性。集中性指的应用文对主旨的表达应该力求直接、简洁。有一话叫作"文似看山不喜平"，但这句话更适用于对文学作品的评价，放在应用文里就不够准确。文学作品为了追求艺术的美感常常会比较含蓄、委婉，但应用文写作却不能那么迂回，而是要选择最恰当的材料，运用最直接的方式，直面问题，正面表达，避免旁逸斜出，防止"意多乱文"。以请示缘由的写作为例，在充分的基础上还必须注意"集中"，不要绕开、脱离请示事项叙述缘由。再如论文的写作也是如此，要时刻紧紧围绕问题展开，一定是选择和主旨关系最密切的材料，运用最直接的方式展开，避免东拉西扯，脱离中心，那样不仅会影响主旨的表达效果，而且不符合应用文实用性的根本特征。

（二）应用文主旨的表达方式

应用文的主旨常常在文章的标题、开头、正文、结尾中会有所彰显和体现。

标题概括主旨。标题概括主旨即在标题里直接点明文章的意图和中心。党政机关公文的标题一般采用"发文机关 + 事由 + 文种"的形式，就是为了直接点明主旨。比如"××市人民政府关于开展扶贫工作的通知"，就直接表明文章的主旨是为了对扶贫工作做出指示、提出要求。有些应用文尽管没有具体的标题，只有文种的类型，但也可以通过文种来点明主旨，如"求职信""请柬"，仍然可以使人明白主旨是或为了获得某个职位或组织某项活动。

开头明确主旨。开头明确主旨指在文章的开头表明行文的意图和观点，一些应用文会在开头明确表明主旨。如《教育部关于深入开展新时代校园爱国卫生运动的通知》的开头部分：

为贯彻落实习近平总书记关于深入开展新时代爱国卫生运动的重要讲话精神，总结运用教育系统新冠肺炎疫情防控斗争经验，大力弘扬爱国主义精神，培育和践行社会主义核心价值观，改善校园环境，提高健康素养，促进学生德智体美劳全面发展，引领带动社会新风尚，我部决定深入开展新时代校园爱国卫生运动。现就有关事项通知如下……

这段通知缘由就属于开头明确主旨，通知、通报、报告等常用此方法。文章开头点明主旨，既可以交代行文的缘由、目的、背景等内容，还可以使读者开篇即能了解发文的基本精神和主要意图。

正文彰显主旨。正文彰显主旨是对全文主旨的具体概括和体现，一般通过两种方式：小标题和段落中心句。

小标题是对一个层次、部分内容主旨的概括，中心句是对一个段落主旨的概括。比如在《××大学关于为毕业生提供就业服务的通知》中，正文就可以通过“岗位推送不断线、指导培训不断线、重点帮扶不断线、接续服务不断线”四个小标题依次展现文章的主旨。在段落里可以使用中心句概括段落主旨，要注意的是，应用文的段落中心句一般放在段首。

运用小标题和中心句，不仅能够突出主旨，而且能使文章的层次更加清晰，条理更加分明。要注意的是在使用小标题和中心句时，要注意对各标题、段落之间的关系进行辨析，确保内在的逻辑关系。

结尾总结主旨。并非所有应用文的主旨都在开头点明，也有一些应用文的主旨是在结尾部分进行明确。比如在请示、通报、请柬等文种里，就常常是在结尾部分表明主旨。以通报为例，在陈述事实、评价事实、做出处置之后，会提出号召和希望，号召和希望就是通报的发文缘由和主旨。在请示中，最后会使用“请求批准、请求指示”等祈请语，祈请语就是对请示主旨的概括。

二、应用文的材料

材料是指作者为完成写作从生活中搜集、积累以及加工写入文章中的事实、数据、论据等。如果说主旨是文章的灵魂，材料就是文章的血肉。

按照与文章关系的密切程度，材料可以分为直接材料和间接材料。直接材料是最终反映在文章里的具体事实、数据、思想、观点、感受，间接材料并不一定出现在文章里，但却对文章的写作发挥不可或缺的作用。

按照材料的性质，应用文的材料可以分为事实材料和理论材料。事实材料包括事件、现象、数据、经验等，理论材料包括党和国家的方针、政策、路线，法律、法规，以及有关部门的规章、条例、文件等。以批评通报为例，所要通报批评的事件就属于事实材料，对事件进行评价并提出处置时的依据就属于理论材料。

跟文学作品相比，应用文对材料有特定的要求。

首先，应用文的材料一定要切合主旨。任何写作类型，都应该选择最能切合文章主旨的材料。应用文要尽可能选择直接相关的、最能切合文章主旨的材料。

其次，应用文的材料还必须符合客观真实。文学作品选择材料同样要符合真实的特点，但这个“真实”可以是主观感受的真实，或者是艺术的真实。比如臧克家纪念鲁迅先生的诗歌《有的人》——“有的人死了，他还活着”，就是表达诗人内心感受的真实。或者像《西游记》，是对玄奘西行求法这个事实材料的艺术加工。但应用文的材料必须绝对真实，应用文所使用的事实、数据、案例、经验、法规等材料，必须是绝对客观真实的材料，不能进行艺术化的加工，不能夸大或缩小，更不能想象和虚构。

最后，应用文的材料还应该做到典型。材料的典型指的是有代表性和说服力，能够直接、有力地响应文章主旨。例如使用报告汇报某项工作时，要选择最能体现工作进展和效果的材料；使用通报表彰某种行为时，要选择最能彰显某种品质的事实；确定通告、通知的发文缘由时，要选择最有关联性的政策、法规、事实。

在根据切合主旨、真实、典型确定材料的取舍后，就是对材料的使用。使用材料时要注意材料间的逻辑关系，要分清材料的主次、先后、详略，注意按照必要的逻辑关系安排材料。

三、应用文的语言

应用文的语言是应用文写作的最后一关，主旨的确立、材料的表达、结构的安排，最终都要依靠语言来实现。不同的文种，对语言的要求是不一样的，党政机关公文的语言要做到“准确、直接、简练、平实、明白”，礼仪文书要做到“词雅语美”，学术论文要做到“准确、规范”。概括起来，所有应用文的语言都应该做到的是“准确、得体”。

“准确”是应用文语言的第一要求，是指应用文的语言不仅要符合客观事实，而且就传达的语义来说必须做到明确，不仅不能存在错误、产生歧义，而且只能有一种固定的理解。

“得体”指的是应用文的语言要符合文体的特点、行文的关系。按照文体的特点，党政机关公文的语言要郑重严肃，学术文章的语言要严谨规范，礼仪文书的语言要庄重典雅。按照行文的关系，下行文可以使用命令性语言以示权威，上行文要酌情使用祈请性语言以示尊重，平行文之间要注意语言的谦和有礼。总之，写作时要充分考虑文体特点、写作意图、行文关系等因素，综合考虑语言的表达，运用最得体的语言，才能达到最合适的表达效果。

应用文在不断的发展过程中形成了一系列专门用语，酌情选择专门用语，可以增加应用文语言的准确、得体。

按照特定的作用，应用文的专门用语分为以下几种：

开端用语：用于引出目的、原因、根据、背景等。如：为、为了、根据、据、遵照、依照、按照、鉴于、关于、由于、随着、今、兹、兹有等。

称谓用语：用于表示人称或对单位的称谓。如：我、本、你、贵、他、该、某等。

引据用语：用于回复来文或引用依据。如：悉、接、据、收悉等。

经办用语：用于表明工作进程。如：经、业经、兹经、已经、现将、审议、审发、试行、暂行、实行、可行、参照执行、贯彻执行、会议听取了、会议讨论了、会议希望等。

过渡用语：用于承上启下。如：为此、对此、为使、关于、如下等。

期请用语：用于表达期望请求。如：请、恳请、拟请、特请、烦请、希望、望等。

征询用语：用于征请、询问对有关事项的意见、态度。如：当否、妥否、可否、如无不当请批准等。

期复用语：用于请求答复。如：请批准、请指示、请批复、请审核、请审批、请函复、请电复等。

表态用语：用于表明态度。如：批准、同意、可行、照办、完全同意、基本同意、完全同意、不予同意、暂缓执行等。

结尾用语：用于结尾表收束。如：特此、为荷、为宜、为盼、为感、专此、此复、特此等。

【课后思考】

1. 如何理解应用文的重要性？
2. 如何理解应用文的实用性和其他特点之间的关联？
3. 文学作品和应用文对材料的要求有什么不同？
4. 如何理解“写作是对作者综合能力的检验”？

第 2 章

党政机关公文

党政机关公文共 15 种，从使用频率的高低来看，通告、通知、通报、报告、请示、函是与大学生关联较密切的文种。

第一节　党政机关公文概述

【学习目标】

1. 识记党政公文的概念、特点
2. 掌握党政公文的种类
3. 掌握党政公文规范

一、党政机关公文的认知

（一）党政机关公文的概念

《党政机关公文处理工作条例》规定：**“党政机关公文是党政机关实施领导、履行职能、处理公务的具有特定效力和规范体式的文书，是传达贯彻党和国家方针政策，公布法规和规章，指导、布置和商洽工作，请示和答复问题，报告、通报和交流情况等的重要工具。”**

“具有特定效力”是指党政机关公文具有约束效力，相关受文对象必须遵守、执行或周知，同时这种约束效力受到发文机关业务职能范围等因素的限定。“规范体式”是指党政机关公文在语言、格式等方面存在严格的规定，发文机关必须按照相关规范进行公文的写作和制作。“传达贯彻党和国家方针政策，公布法规和规章，指导、布置和商洽工作，请示和答复问题，报告、通报和交流情况等的重要工具”是对党政机关公文功能的全面概括，包括上级机关对下级机关、下级机关对上级机关、不相隶属机关之间等行文方向类型，同时涵盖了工作中发布规定、指导工作、请示问题、报告情况等多种工作类型，表明党政机关公文是党政机关处理公务的重要工具。

（二）党政机关公文的特点

党政机关公文具有法定性、权威性、规范性。

法定性。法定性指党政机关公文在作者身份、内容上要依法确定。

一是作者的法定性，党政机关公文的作者必须是法定机关。在工作中，党政机关公文常常由个人或部门执笔起草，但负责起草的个人或部门并不是公文的作者，党政机关公文的作者必须是法人，代表机关、团体、企事业单位本身。有一些公文会以组织负责人来行文，如“校长办公室”“省长令”“主席令”，但其中的校长、省长、主席不指代个人，而是代表所在组织和机构。

二是内容的法定性，党政机关公文的内容必须符合国家方针、政策、法规。任何党政机关公文，不论发文机关级别的高低，都不能与国家的各项法律法规发生冲突。这是因为党政机关公文具有特定的约束效力，一旦与国家方针、政策、法规相违背，就会造成工作的混乱。

权威性。党政机关公文是党政机关治国理政的重要工具，它是依法制定与发布的，具有法定的权威性，一旦发布，便具有法定效力，受文单位必须严格遵守或执行。针对具体的公文，权威性又受到发文机关级别、发文机关业务职能范围、内容、形式、时间等因素的制约。正因党政机关公文的权威性，才需要从内容、格式、程序等方面严格规定党政机关公文的处理工作。

规范性。党政机关公文具有特定的语言、格式、处理规范。语言上，党政机关公文要使用现代汉语，必须做到准确、直接、明白、平实、简练。格式上，党政机关公文必须符合《党政机关公文格式》的规定。处理上，党政机关公文必须符合《党政机关公文处理工作条例》的相关规定。

（三）党政机关公文的种类

《党政机关公文处理工作条例》规定，我国现行的党政机关公文有 15 种：

决议：适用于会议讨论通过的重大决策事项。

决定：适用于对重要事项做出决策和部署、奖惩有关单位和人员、变更或者撤销下级机关不适当的决定事项。

命令（令）：适用于公布行政法规和规章、宣布施行重大强制性措施、批准授予和晋升衔级、嘉奖有关单位和人员。

公报：适用于公布重要决定或者重大事项。

公告：适用于向国内外宣布重要事项或者法定事项。

通告：适用于在一定范围内公布应当遵守或者周知的事项。

意见：适用于对重要问题提出见解和处理办法。

通知：适用于发布、传达要求下级机关执行和有关单位周知或者执行的事项，批转、转发公文。

通报：适用于表彰先进、批评错误、传达重要精神和告知重要情况。

报告：适用于向上级机关汇报工作、反映情况，回复上级机关的询问。

请示：适用于向上级机关请求指示、批准。

批复：适用于答复下级机关请示事项。

议案：适用于各级人民政府按照法律程序向同级人民代表大会或者人民代表大会常务委员会提请审议事项。

函：适用于不相隶属机关之间商洽工作、询问和答复问题、请求批准和答复审批事项。

纪要：适用于记载会议主要情况和议定事项。

按照行文方向，以上 15 种公文可以分为上行文（下级机关向上级机关行文，如请示、报告等），下行文（上级机关向下级机关行文，如决定、通告、批复等），平行文（不相隶属机关之间行文，如函）。也有一些公文，既可以上行，也可以下行，还可以平行，如意见，既可以用于向上级机关提出见解和办法，也可以用于向下级机关、向平行机关行文。但是，针对一份特定的公文，行文方向应该做到单一、明确。

按照是否涉密，党政机关公文可以分为涉密公文和非秘密公文。涉密公文按照秘密程度，又可以分为绝密公文、机密公文、秘密公文。

按照紧急程度，党政机关公文可以分为非紧急公文和紧急公文。紧急公文按照紧急程度可以分为特急件和加急件，电报公文可以分为特提件（立即办理）、特急件（一天之内办理）、加急件（三天内办理）、平急件。

二、党政机关公文的语言规范

党政机关公文的语言应该做到：准确、明白、直接、平实、简练。

“准确”既是党政机关公文语言的基本标准，也是最高标准。具体包括：无错字病句，分清词性，辨析词义，谨慎修饰，使用规范用语。

“明白”指要选择常用语，不用生僻词，避免晦涩深奥、令人费解，要使用词语基本义，避免引起歧义。

“直接”指应当开门见山，直截了当，词意直接不含蓄，语意直接不曲折。

“平实”指党政机关公文的语言应该用词朴素、语调平直、风格朴实。不使用带有个人感情色彩的词语，避免使用带有强烈文学色彩的词语和语句，谨慎使用华丽辞藻进行修饰，力求朴实无华、诚恳实在，直接作用于读者的意识系统。

“简练”指党政机关公文的语言要简洁、凝练，使用书面语，不用口语，使用基本义，不用生僻义，多使用短句、单句，谨慎使用长句、复句。

三、党政机关公文的格式规范

《党政机关公文处理工作条例》和《党政机关公文格式》，对党政机关公文的格式进行了全面、明确的规定。

《党政机关公文处理工作条例》规定党政机关公文的格式是：公文一般由份号、密级和保密期限、紧急程度、发文机关标志、发文字号、签发人、标题、主送机关、正文、附件说明、发文机关署名、成文日期、印章、附注、附件、抄送机关、印发机关和印发日期、页码等组成。

版心内的公文格式各要素划分为版头、主体、版记三部分。公文首页红色分隔线以上的部分称为版头；公文首页红色分隔线（不含）以下、公文末页首条分隔线（不含）以上的部分称为主体；公文末页首条分隔线以下、末条分隔线以上的部分称为版记。

按照版头、主体、版记的顺序，《党政机关公文处理工作条例》和《党政机关公文格式》对公文内各要素依次进行了规定。

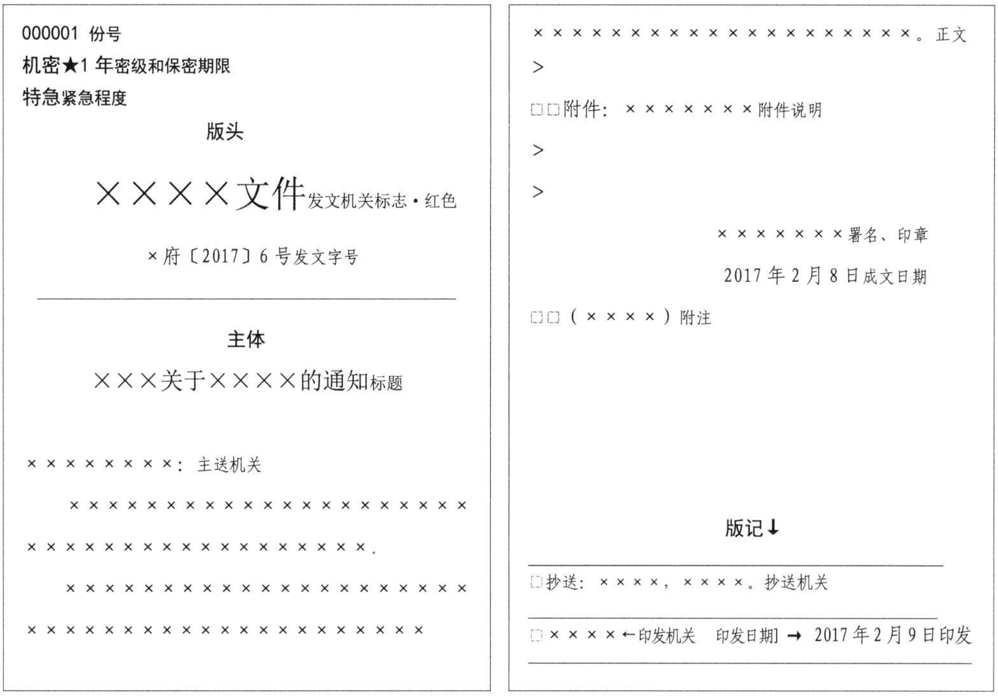

（一）版头部分格式规范

1. 份号。份号是公文印制份数的顺序号。涉密公文要标注份号，非秘密公文如有必要也可标注份号。一般用 6 位 3 号阿拉伯数字于版心第一行左顶格编排。

2. 密级和保密期限。涉密公文应当根据涉密程度分别标注“绝密”“机密”“秘密”和保密期限。用 3 号黑体字于版心第二行左顶格，标注“绝密”“机密”“秘密”字样。“绝密”“机密”“秘密”保密时效分别为 30 年、20 年、10 年，超过或不足密级的时限应标出具体年限，如“绝密★28 年”“秘密★2 年”。

3. 紧急程度。紧急程度是对公文送达和办理的时限要求。紧急公文应当用 3 号黑体字于“密级和保密期限”下左顶格（若无份号、密级和保密期限则编排于第一行）分别标注如：紧急电报型公文应分别标注“特提”“特急”“加急”“平急”字样。

4. 发文机关标志。发文机关标志由发文机关全称或规范化简称加“文件”二字，用红色小标宋体字居中排布。

全称是批准该机关成立的文件中核定的名称。规范化简称是发文机关的上级机关规定的简略称呼，或本机关明文知会其他机关文中的简略称呼。

5. 发文字号。发文字号是公文的“身份标志”，由发文机关代字、年份、发文顺序号组成。“机关代字”是机关文秘部门统一编制的能代表本机关特征的规范化缩写，“年份”是四位阿拉伯发文年度，“序号”是发文机关本年度制发文件的统一流水号。如：中发〔2020〕32 号、国发〔2020〕116 号、渝府〔2020〕62 号。

6. 签发人。签发人是代表机关审核批准公文的领导人。所有公文都有签发人，公文稿必须经领导人在发文稿纸上签署认可意见后才能成为定稿，正式文件的版头中，上行文应当标注签发人及其姓名。“签发人”三字用 3 号仿宋字体，签发人姓名用 3 号楷体。

（二）主体部分格式规范

1. 标　题

标题概括公文的主要内容，向读者传达公文的基本信息。标题由发文机关、事由（主题）、文种三部分组成。

标题中的发文机关应使用全称或规范化简称。自治州、市、县级人民政府的印章，不冠省、自治区、直辖市的名称，市辖区人民政府的印章需冠市的名称，乡（镇）人民政府的印章需冠县级行政区域的名称。

2 ~ 3 个机关联合行文时，应列出所有发文机关名称，采用一行间隔排列或分行排列的形式；4 个及以上机关联合行文，用排列在前的发文机关名称后加“等”字的形式。

标题中除法规、规章名称加书名号，以及必要的引号、顿号、括号外，一般不用标点符号。

2. 主送机关

主送机关相对抄送机关而言，是公文的主要受理机关。于标题下空一行左顶格用 3 号仿宋体字编排，回行顶格，最后一个主送机关后加冒号。

通过媒体公开发文的公文，无主送机关。主送机关可以是统称或特称，当主送机关是特称时，不写领属性定语。

3. 正　文

正文用来表达公文的内容。正文要做到结构严谨，层次分明，标点符号正确。有主送机关时，正文从主送机关名称下一行左空二字开始书写；无主送机关时，在标题下空两行左空二字开始书写。正文一律用 3 号仿宋体字，每面 22 行，每行 28 个字。

正文中需要使用数字时，依据的原则是：简洁醒目用阿拉伯数字，庄重典雅用汉字，全文数字应该做到统一。具体来说，已经定型的含有阿拉伯数字的词，应使用阿拉伯数字，非公历纪年、概数、已定型的含汉字数字的词语时，应使用汉字数字。

正文中需要使用字母词时，应遵循严格的规范。公文中一般不使用字母词，如果确实需要，应当在首次出现时以括号注释的方式注明准确的汉语译名。如使用 GDP 这个概念，应该用“GDP（国内生产总值）”的方式引用。

正文中出现计量单位时，应使用法定计量单位。根据《中华人民共和国计量法规定》，以面积为例，可以选用平方米、公顷、平方公里，不使用平方丈、亩等计量单位，也不使用 m^2、kg、m、cm、mm 等单位，应当使用平方米、公斤、米、厘米、毫米。

正文中的需要使用结构层次序数安排结构时，要依次使用：三号黑体“一、”，三号楷体“（一）”，三号仿宋体“1.”，三号仿宋体“（1）”。不到四个层次时，可以按照尽量不使用带括号序号的原则，使用“一、”和“1.”。

正文中需要引用公文时，应当先引标题，后引发文字号。如：“你府《关于询问××等问题的通知》（×府〔2017〕12 号）收悉”。

正文中的日期使用应当规范，日期应当写具体的年月日，尤其注意年份不能省写，时间也要明确，使用绝对时间而不是相对时间，如“下周二”就属于相对性的时间。

4. 附件说明

附件说明是对公文附件名称的说明。附件说明于正文下空一行，左空二字标注“附件”，冒号后标注附件名称，附件名称后不加标点符号，如需序号，用阿拉伯数字。如附件名称较长，回行时，应当与上一行附件名称的首字对齐。

附件是公文的补充文件，放在正文中会打断内容的连贯性，因此会将它们从正文中抽出来单独表述，这样既保证了公文的完整，又确保了内容的简洁。

5. 发文机关署名、印章、成文日期

加盖印章的公文成文日期一般右空四字编排。单一机关行文时，一般在成文日期之上、以成文日期为准居中编排发文机关署名，印章端正、居中下压发文机关署名和成文日期，使发文机关署名和成文日期居印章中心偏下位置，印章顶端应当上距正文（或附件说明）一行之内。

不加盖印章的公文，在正文（或附件说明）下空一行右空二字编排发文机关署名，在发文机关署名下一行编排成文日期，首字比发文机关署名首字右移二字，如成文日期长于发文机关署名，应当使成文日期右空二字编排，并相应增加发文机关署名右空字数。

6. 附　注

附注是对公文印发传达范围、正文中关键词语的注释、请示的联系人姓名及其电话号码等需要说明的事项的提示。在成文日期下一行左空二字的圆括号内标注。如：（此件公开发布）（经济指标重大改变，指增减 30%）（联系人：张强；电话：12345678）

（三）版记部分格式规范

1. 抄送机关

抄送机关是除主送机关外需要执行或者知晓公文内容的其他机关。如有抄送机关，一般用 4 号仿宋体字在印发机关和印发日期之上一行、左右各空一字编排。“抄送”二字后加全角冒号和抄送机关名称，回行时与冒号后的首字对齐，最后一个抄送机关名称后标句号。抄送机关应当按序排列：上级在前，其次同级，再次是下级。

如需把主送机关移至版记。除将“抄送”二字改成“主送”外，编排方法同抄送机关。

2. 印发机关和印发日期

印发机关是指各机关、单位的办公厅（室）或文秘部门。有的发文机关没有专门的文秘部门，发文机关就是印发机关。印发机关和印发日期一般用 4 号仿宋体字，编排在末条分隔线之上，印发机关左空一字，印发日期右空一字，用阿拉伯数字将年、月、日标全，年份应标全称，月、日不编虚位（即 1 不编为 01），后加“印发”二字。

第二节　通　告

【学习目标】

1. 识记通告的概念、特点
2. 理解通告的种类，通告和公告的异同
3. 掌握通告的写作要领

一、通告的认知

（一）通告的概念

《党政机关公文处理工作条例》规定：通告是“适用于在一定范围内公布应当遵守或者周知的事项”的公文，属于知照性的下行文。

“一定范围内”是指发文机关的空间管辖范围或业务职能范围。“公布”强调了通告是公开性公文，形式上没有版头和版记，也没有主送机关，可采用张贴、见报、广播等方式。“应当遵守的事项”包括应当执行的事项和应当禁止的事项。“周知”是指需要一定范围内的受文对象知晓。

（二）通告的特点

制约性。通告的内容具有约束性和强制性，涉及的内容包含应当执行的事项和应当被禁止的事项，要求受文者遵照执行，违反通告内容常常会有相应的处理措施。

具体性。通告常常是发文机关针对一些具体的工作和情况制发，所以内容通常较为具体。如：《××市人民政府关于封山育林的通告》。

（三）通告的种类

通告可根据用途、功能分为规定性通告和事项性通告两类。

规定性通告。主要是指用于公布社会各界有关方面应当遵守的事项。规定性通告有法律法规约束效力，一般仅限政府部门和企事业单位领导机构、职能部门使用。如：《广东省人民政府关于禁毒的通告》。

事项性通告。主要是指用于公布社会各有关方面应当周知的事项。事项性通告突出周知性，制发目的在于传递信息，没有作为法律法规约束效力，因此政府机关、企事业单位、社会团体均可使用。如：《重庆市天然气公司关于管道检修停气的通告》。

二、通告的写作

通告通常由标题、正文、落款三部分构成。

（一）标　题

通告的标题：发文机关＋事由＋通告。如：

重庆市人民政府关于加强燃放烟花爆竹管理的通告

农业农村部关于调整海洋伏季休渔制度的通告

（二）正　文

通告的正文由通告缘由、通告事项、通告要求或说明、结语四部分构成。由于通告面向的并非具体的单位、群体或个人，而是业务职能范围内尽可能广泛的对象，所以没有主送机关。

通告缘由：通告缘由用于展现通告的目的、依据，以便于引出通告的事项。通告缘由一般包括目的、依据两部分。依据又可以分为：事实根据（针对的实际情况）、法律法规根据（引述法律、法规名称）、政策根据（引述上级的文件的标题、文号）。通告缘由的写作模式通常为：

为了××××××，（特）通告如下：

根据××××××，（特）通告如下：

鉴于××××××，为了××××××，根据××××××，（特）通告如下：

通告事项：通告事项即通告的具体内容，所辖范围内应当遵守或者周知的事项。通告事项单一，可以采取一段式写法，将缘由、事项合成一段，这种情况通常不再写过渡语。通告事项较多时，通常分条列项写。

通告要求或说明：通告要求指贯彻通告事项的措施和罚则。措施可以分散写在每一条事项的后面。罚则写在最后，不顺接序号。如：

一、×××××××××。

二、×××××××××。

三、×××××××××。

对违反本通告规定的行为，由环境保护、工商、质量技术监督行政管理部门予以处罚。

通告说明指通告的生效日期、解释权限。一般写在最后一条。如；

本通告自×××年×月×日起施行。

本通告自发布之日起施行。

结语：若通告缘由后无过渡语，写“特此通告”；若缘由后有过渡语，不再写结语。

三、通告与公告的异同

《党政机关公文处理工作条例》规定：公告是“适用于向国内外宣布重要事项或者法定事项”的公文。主要用于两个方面：一是向国内外宣布重要事项。如，重大国家事务活动、重大科技成果或其他重要决定等。二是向国内外宣布法定事项。如向社会公布的有关规定等。

公告和通告都是知照类的下行文，都是公开性的公文，无主送机关，行文风格也大体相同。

公告和通告的不同体现在发文机关级别、发文内容、发文范围三个方面。

项目	公　告	通　告
发文级别	一般是以国家名义、省级人民政府发布，级别较高	党的机关外所有组织、机构
发文内容	重要或法定事项	需要人们遵守或周知的一般事项
发文范围	面向国内外广大的读者、听众，受众面广	一定范围内

例文简析

【例文1——事项性通告】

国家知识产权局商标局
关于延期举行商标注册同日申请抽签的通告

受新冠肺炎疫情影响，为保护抽签人员的身体健康，国家知识产权局决定对商标注册同日申请抽签时间，由2020年4月23日至24日延期到2020年7月22日至23日，抽签地点和需携带的相关材料保持不变。同时，以电话和书面形式通知此次同日申请抽签的商标代理机构或商标注册申请人，敬请及时关注相关信息。

特此通告。

国家知识产权局商标局（及印章）

2020年4月17日□□□□

【简析】

这是一则关于延期举行商标注册同日申请抽签的事项性通告。正文内容依次包含通告缘由、通告事项、结语三个部分，由于通告事项较为单一，采取的是缘由、事项合为一段的写法。语言准确、直接、简洁，内容突出周知性，符合事项性通告的写作要求。

【例文2——规定性通告】

最高人民法院　最高人民检察院　公安部　司法部
关于敦促涉黑涉恶在逃人员投案自首的通告

为贯彻落实宽严相济刑事政策，依法惩处犯罪行为，维护社会安定，保护人民群众生命财产安全，同时给涉黑涉恶在逃犯罪嫌疑人、被告人（以下统称“在逃人员”）改过自新、争取宽大处理的机会，根据《中华人民共和国刑法》《中华人民共和国刑事诉讼法》的有关规定，特通告如下：

一、在逃人员自本通告发布之日起至2020年1月31日前自动投案，如实供述自己的罪行的，是自首。可以依法从轻或者减轻处罚；犯罪情节较轻的，可以依法免除处罚。

二、由于客观原因，本人不能在规定期限内到司法机关投案的，可以委托他人代为投案。犯罪后逃跑，在被通缉、追捕过程中，主动投案的；经查实确已准备去投案，或者正在投案途中，被公安机关抓获的，视为自动投案。

三、在逃人员的亲友应当积极规劝其尽快投案自首。经亲友规劝、陪同投案的，或者亲友主动报案后将在逃人员送去投案的，视为自动投案。

四、在逃人员有检举、揭发他人犯罪行为，经查证属实的，以及提供重要线索，从而得以侦破其他案件，或者有积极协助司法机关抓获其他在逃人员等立功表现的，可以依法从轻或者减轻处罚；有重大立功表现的，可以依法减轻或者免除处罚。

五、在逃人员要认清形势，珍惜机会，尽快投案自首，争取从宽处理。在规定期限内拒不投案自首的，司法机关将依法惩处。任何人不得为在逃人员提供隐藏处所、财物、交通工具，为其通风报信或者作假证明包庇，或者提供其他便利条件帮助其逃匿。经查证属实，构成犯罪的，将依法追究刑事责任。

六、凡知悉在逃人员情况、信息的公民，都有义务向司法机关检举揭发。司法机关将对检举揭发人员依法予以保护和保密。对威胁、报复举报人、控告人，构成犯罪的，依法追究刑事责任。举报黑恶犯罪线索、检举在逃人员情况，可扫码登录全国扫黑办 12337 智能化举报平台。

七、本通告自发布之日起施行。

最高人民法院（及印章） 最高人民检察院（及印章）

公安部（及印章）　司法部（及印章）

2019 年 11 月 4 日□□□□

【简析】

这是一则由最高人民法院、最高人民检察院、公安部、司法部联合发文的规定性通告。正文分为通告缘由、通告事项两部分。缘由部分由目的、根据、过渡语三部分构成。通告事项部分因为内容较复杂，采用了分条列项的写法：第一条是自首情节的认定，二至四条是特殊自首情节的认定，五、六条是对在逃人员的警示、号召，以及对自首相关行为的规定，第七条是通告说明。这则通告语言准确直接、庄重严肃，具有法律法规约束效力，符合规定性通告的写作要求。

第三节　通　知

【学习目标】

1. 识记通知的概念、特点
2. 掌握指示性通知、知照性通知的写法
3. 理解颁转性通知颁转语的写法

一、通知的认知

（一）通知的概念

《党政机关公文处理工作条例》规定：通知“适用于发布、传达要求下级机关执行和有关单位周知或者执行的事项，批转、转发公文”。

“发布、传达”是指通知适用于发文机关向其下级机关布置工作、传达指示、告知事项。“向下级机关”表明通知的行文属性是下行文，且在形式上一定有主送机关。“周知或执行”指的是针对特定的内容，通知的内容要求可分为周知和执行两种，周知即“使其知晓”，无进一步的行为要求，执行则有一定程度的强制性。“批转、转发公文”是颁转性通知的功能，指的是发文机关出于工作需要，用通知的形式印发本机关、转发上级机关或不相隶属机关、批转下级机关文件。

（二）通知的特点

适用范围广泛。通知是适用范围极广、使用频率最高的党政机关公文。首先，通知的发文机关适用范围广泛，不受机关级别高低的限制。党政机关公文的一些文种，如“决议、决定、命令、公告”对发文机关级别有明确的规定，一般只有国家高层权力机关及其职能部门才能使用，“通告”也只有地方政府或机关团体才能发布。但通知的发文机关适用范围非常广泛，上至国家最高权力机关，下至地方各单位、部门，无论大小，都可以使用通知这种形式。其次，通知的内容适用范围也很广泛，不受内容轻重的限制。大到国家的重要决策，小到基层机关日常行政事务，都可以使用通知进行部署或知照。通知对内容的繁简程度也没有具体要求，根据实际需要可多可少。

有一定的权威性。虽然通知对执行的要求程度不及通告，但通知仍具有一定程度的权威性。通知明确的需要办理、执行的事项内容，提出的工作中的方法原则和组织纪律，是受理机关必须参照或遵照的标准。即便是知照性通知，也可理解为对受理机关提出了必须周知的“执行”要求，受理机关不得以不知晓作为不执行的理由。

内容准确具体。通知的内容必须明确具体，发出指示要清楚，提出要求要明确，做出安排要具体，绝对不能含糊、笼统，确保通知的执行和周知要求得到贯彻。对于颁转性通知，要求必须忠实于颁转文件的内容，必须进行准确的发布和传达，不得违背、歪曲、遗漏颁转文件的宗旨或内容。

（三）通知的种类

通知可分为指示性通知、知照性通知、颁转性通知三个类型。

指示性通知。指示性通知是上级机关对下级机关的工作进行指示、指导、部署时使用的公文。围绕上级机关要求下级机关办理的事项、执行的决定、完成的工作，指示性通知发出指示、提出要求、做出安排。

知照性通知。知照性通知指的是告知事项和情况的通知。主要适用于以下情况：告知召开会议、变更机构名称、迁移办公地点、作废或启用印章、设置或撤并机构、任免人员等。知照性通知的目的是告知事项和情况，因此通常文章内容单一，篇幅短小。

颁转性通知。颁转性通知分为印发型通知、转发型通知、批转型通知三种类型。

印发型通知又称“发布型通知”，适用于发布本机关制定的法规规章类文书和其他重要文件，常在标题中使用“发布”或“印发”字样。如：

国家能源局关于发布2019年度风电投资监测预警结果的通知

国家知识产权局关于印发《商标侵权判断标准》的通知

转发型通知适用于发文机关转发上级机关、同级机关、不相隶属机关的重要文件，用于指导下级机关的工作，常在标题中使用“转发”字样，如：

海南省教育厅转发教育部关于开展第20届全国推广普通话宣传周活动的通知

批转型通知的“批转”即批准、转发，因此批转型通知适用于发文机关根据工作需要和本机关职权范围批准并转发下级机关“意见”，常在标题中采用“批转”或“转发”字样。

类型	功　能	标题中使用
印发型通知	发布本机关制定的规章制度和重要文件	颁发、颁布、发布、印发
转发型通知	转发上级或不相隶属机关公文	转发
批转型通知	批准并转发下级机关的“意见”	转发、批转

颁转性通知是复合体公文，被印发、被转发、被批转的文件，是通知正件的组成部分，不能作为附件处理。打印这类通知的人员，要在成文日期下空一行，将被颁转文件的标题、正文全部排印出来。

二、通知的写作

通知通常由标题、主送机关、正文、落款四部分构成。

（一）指示性通知的写作

1. 标题：采用“发文机关＋事由＋通知”的形式，文种词前可酌情加“紧急”“补充”修饰语。如：

交通运输部关于统筹做好疫情防控和交通运输保障工作的紧急通知

体育总局关于调整招录职位有关条件的补充通知

在官方网站发布或有发文机关标志的红头文件中，可以省略发文机关，只写事由和文种。

2. 主送机关：通知的主送机关一般是单位，也可以是群体。通知的发文对象比较广泛，在主送机关较多时，要注意排列的规范性、概括的全面性、标点的准确性。如以国务院为发文机关行文时，其主送机关为：

各省、自治区、直辖市人民政府，国务院各部委、各直属机构：

3. 正文：通知的正文可以分为通知缘由、通知事项、执行要求三部分。

通知缘由：讲清理由，增强贯彻执行的自觉性。缘由之后，常用“通知如下”“特通知如下”“现通知如下”作过渡语。

通知事项：指要求下级机关贯彻执行的事项。一般分条列项撰写。

执行要求：可以就贯彻通知事项提出要求，可以是规范化结语，或兼而有之。如：

特此通知。

特此通知，请遵照知行。

（二）会议通知的写作

会议通知以召开会议的有关事项为内容。根据内容的繁简程度分为简单会议通知和较复杂会议通知两种类型。简单的会议通知只需明确会议缘由、时间、地点、人员等必要信息。较复杂会议通知因为会议的重要性和复杂性，会在上述信息之外额外注明会议起止时间、议程安排、应准备材料、着装、路线等内容。

1. 标题

×××关于召开×××会议的通知

2. 主送机关：略。

3. 正文：

首先，交代“根据”或“目的 + 根据”，如：

兹定于×年×月×日召开××会议。现将有关事项通知如下：

为了××××××，拟召开××××会议。现将有关事项通知如下：

然后，分条列项写有关事项。一般包括以下内容：

一、会议日期：××年×月×日——×月×日。（会期跨年写年；跨月写月；不跨年月只写日）

二、会议地点：××××××××××。

三、与会人员：×××××××××××××。

四、会议主题（或内容）：×××××××××。

五、报到时间：2017 年 5 月 31 日下午；联系人：×××（电话××××）。

六、其他事项（可无；可有：如经费、食宿、交通等）。

（三）任免通知的写作

任免通知是发文机关任命、免除干部职务时对所属下级机关下达的一种知照性通知。

1. 标题

×××关于×××（等）同志任职的通知

×××关于×××同志职务任免的通知

×××关于免去×××同志×××职务的通知

2. 主送机关：略。

3. 正文

任职： 经××会议于××年×月×日通过，任命××同志为×××。

经××会议研究决定，任命××同志为×××。

免职： 经××会议研究决定，××同志不再担任××职务。

经××会议研究决定，××同志不再担任××职务，另有任用。

任免： 经××会议研究决定，任命××同志为××。免去××（同志）担任的××职务。

（四）印发型通知的写作

1. 标题：动词一般选择“发布”或“印发”。

××关于印发（发布）《××××办法》的通知

2. 主送机关：略。

3. 印发语：

对象和决定→印发要求：现将《中国共产党纪律处分条例（试行）》印发给你们，请贯彻执行。执行中有什么问题和建议，请及时报告中央。

对象和根据→决定→要求：《党政机关公文处理工作条例》已经党中央、国务院同意，现印发给你们，请遵照执行。

根据→决定：根据工作需要，经市政府同意，现将《×××××制度》予以印发。

目的→对象→决定→施行日期：为了贯彻落实《期货交易暂行办法》，我会制定了《期货交易所管理办法》，现印发给你们，自2009年1月1日起施行。

目的形成过程及对象→决定→过渡语→（另起段落）要求：为了全面贯彻落实《义务教育法》及其实施细则，积极解决流动儿童少年就学问题，我们在六省、市试点工作的基础上，制定了《流动儿童少年就学暂行办法》，现印发给你们，并就实施中的有关问题通知如下：

决定和对象→施行日期→相关规定。如：现发布《×××××办法》，自××年×月×日实行。×××于××年×月×日发布、××年×月×日起施行的《×××××办法》同时废止。

（五）转发型通知

1. 标题：转发法规规章文书，法规规章名称要加书名号，不是则不能加书名号。一个标题中不能有两个介词，即发文机关名称后不用“关于”。标题中的动词只能用“转发”，不能用“批转”。

2. 主送机关：略。

3. 转发语：转发语印发语写法基本相同。但要注意不能丢掉被转发文件的发文字号。

对象和决定→要求：现将《教育部办公厅关于印发〈高等学校学报管理办法〉的通知》(教办厅〔2017〕9号)转发给你们，请遵照执行。

两段式：首段写转发决定和对象、转发要求，次段阐明被转发文件的意义、该工作的重要性，或对怎样执行作出指示。

(六) 批转型通知的写作

1. 标题：标题中的动词既可以用"批转"，也可以用"转发"，如：

国务院批转国家发展改革委关于深化经济体制改革重点工作意见的通知

2. 主送机关：略。

3. 批转语：批转语表态用语一般用"同意"或"原则同意"。"同意"表示完全肯定，执行要求用语用"遵照执行"之类；"原则同意"表示基本肯定，"转发决定"后不写"执行要求用语"，而在下一段中针对不足作相应指示。

三、通知与通告的异同

适用范围不同。通知适用于发布、传达要求下级机关执行和有关单位周知或者执行的事项，批转、转发公文。通告适用于在一定范围内公布应当遵守或者周知的事项。

受文对象不同。通知的对象一般仅限于具体的机关、单位、个人；通告的对象一般是空间管辖范围和业务职权范围内的所有人，不专指某些机关、单位、个人。

约束强度不同。通知的内容需要办理、执行、周知；通告的内容需要遵守、知晓。

公开程度不同。通知的内容不一定完全公开，通告的内容一般要公之于众。

例文简析

【例文 1——指示性通知】

国务院办公厅关于延长 2020 年春节假期的通知

各省、自治区、直辖市人民政府，国务院各部委、各直属机构：

经国务院批准，为加强新型冠状病毒感染的肺炎疫情防控工作，有效减少人员聚集，阻断疫情传播，更好保障人民群众生命安全和身体健康，现将延长 2020 年春节假期的具体安排通知如下。

一、延长 2020 年春节假期至 2 月 2 日（农历正月初九，星期日），2 月 3 日（星期一）起正常上班。

二、各地大专院校、中小学、幼儿园推迟开学，具体时间由教育部门另行通知。

三、因疫情防控不能休假的职工，应根据《中华人民共和国劳动法》规定安排补休，未休假期的工资报酬应按照有关政策保障落实。

国务院办公厅（及印章）
2020 年 1 月 26 日□□□□

【简析】

这是一则指示性通知，符合指示性通知“发指示、提要求、作安排”的特点。标题简洁明了，主送机关准确、全面、规范。发文缘由一段“经”引出发文依据，“为”引出发文目的，目的四个层次形成递进关系，“现将”引出过渡语。正文分三条展开，分别是决定和对特殊群体的规定，三条形成递进和补充关系。例文语言简练准确，逻辑清晰，层次合理。

【例文 2——会议通知】

国家文物局关于召开长征文物保护利用工作会议的通知

各相关省、自治区、直辖市文物局：

为纪念红军长征胜利 80 周年，进一步做好长征文物保护利用工作，我局将于 2016 年 10 月中旬召开“长征文物保护利用工作会议”。现就相关事项通知如下：

一、会议时间及地点

10 月 17—19 日（17 日报到，19 日疏散）

陕西省延安市枣园路枣园宾馆。

二、参会人员

长征沿线省（自治区、直辖市）文物局代表各 2 人，部分重要长征文物所在城市政府代表各 2 人，部分长征类国保单位管理机构代表各 1 人（参会单位名单详见附件）。中央、国务院相关部门，陕西省人民政府及部分媒体代表将应邀出席会议。国家文物局局长刘××将出席会议并讲话。

参会人员交通费用自理，食宿由会议承担。

三、会议材料准备

请各参会单位系统总结长征文物保护利用的经验做法，提交书面交流材料，篇幅控制在 2 500 字以内。会议将遴选部分省（市、区）文物部门及城市政府代表交流发言，名单另行通知。

四、请各省文物局组织本辖区各相关单位参会，并汇总参会人员名单，于 10 月 11 日前将参会回执传真至延安革命纪念地管理局，同时将交流材料发送电子邮件至我局文物保护与考古司资源管理处。

联系人及联系方式：

国家文物局文物保护与考古司资源管理处，王×，电话：×××-×××××××××，Email：×××

延安市革命纪念地管理局，李×，电话：×××-×××××××××，Email：×××

特此通知。

国家文物局（及印章）

2016年9月29日□□□□

【简析】

这是一则介于简单会议和复杂会议之间的会议通知，题目采用“×××关于召开×××会议的通知”的形式。因为会议只需特定省、自治区、直辖市文物局参加，所以主送机关中使用了“相关”这一定语。发文缘由依次是发文目的、决定、过渡语。

正文部分分为会议时间和地点、参会人员、参会要求、注意事项四部分。因会议时间地点内容均较简单，按照段落划分“单一、完整”和“整齐、美观”的原则，合并为一个层次，同时因为与会人员的复杂性，简单提供了会议日程安排。第二点是对参会人员的说明，第三点是对与会材料的强调，第四点是其他注意事项。各部分顺序合理，要求清楚，符合应用文实用的特点。

【例文3——任免通知】

中共教育部党组关于刘××、管××同志职务任免的通知

部内各司局、各直属单位：

经中央组织部同意，中共教育部党组2014年6月25日决定，任命刘××同志为人事司司长；因另有任用，免去管××同志的人事司司长职务。

中共教育部党组（及印章）

2014年7月7日□□□□

【简析】

这是一则任免通知。这则通知包含任命和免除两部分，因此标题采用“×××关于×××同志职务任免的通知”，内容依次包含依据和决定两部分，内容单一，篇幅短小，符合知照性通知告知事项和情况的目的和要求。

【例文4——印发型通知】

国家知识产权局关于印发《商标侵权判断标准》的通知

各省、自治区、直辖市及新疆生产建设兵团知识产权局（知识产权管理部门）：

为深入贯彻落实党中央、国务院关于强化知识产权保护的决策部署，加强商标执法指导工作，统一执法标准，提升执法水平，强化商标专用权保护，根据《商标法》《商标法实施条例》的有关规定，制定《商标侵权判断标准》。现予印发，请遵照执行。

各地在执行中遇到的新情况、新问题，请及时报告。

国家知识产权局（及印章）
2020 年 6 月 15 日□□□□

《商标侵权判断标准》

（略）

【简析】

这是颁转性通知中的印发型通知。印发文件的制定机关和通知的发文机关都是“国家知识产权局”，因此符合印发型通知的“发布本机关制定的规章制度和重要文件”。缘由部分依次是：目的、根据、对象、决定、要求。

【例文 5——批转型通知】

国务院批转国家发展改革委
关于 2017 年深化经济体制改革重点工作意见的通知

各省、自治区、直辖市人民政府，国务院各部委、各直属机构：

国务院同意国家发展改革委《关于 2017 年深化经济体制改革重点工作的意见》，现转发给你们，请认真贯彻执行。

国务院（及印章）
2017 年 4 月 13 日□□□□

国家发展改革委
关于 2017 年深化经济体制改革重点工作的意见

（略）

【简析】

这是颁转性通知中的批转型通知。通知的发文机关是国务院，转发文件的发文机关是国家发展改革委，两者构成上下级关系，因此符合批转型通知的“批准并转发下级机关的‘意见’”。缘由部分依次是：表态、决定、要求。

第四节　通　报

【学习目标】

1. 识记通报的概念、特点
2. 理解直述式通报、转述式通报的写作要求
3. 掌握表彰通报、批评通报、情况通报的写法

一、通报的认知

（一）通报的概念

《党政机关公文处理工作条例》规定：通报“适用于表彰先进、批评错误、传达重要精神和告知重要情况”。

制发通报的目的是学习先进、防止错误、领会精神与获得信息。按照具体适用情况的不同，通报可以分为表彰通报、批评通报、情况通报。在行文方向上，表彰性通报、批评性通报是下行文，情况通报可以是下行文，也可以是平行文。

（二）通报的特点

教育性。教育性是区别通报与其他公文最重要的特征。无论表彰通报、批评通报、情况通报，都是通过对特定事实的陈述和分析，使特定组织、群体或个人从中受到教育或警示，达到学习先进、避免错误、领会精神和获取信息的目的。

典型性。典型性指的是通报的事件应该具有代表性。对于表彰通报和批评通报，只有“以一当十”的事实和现象，才能起到“奖惩一个，教育大家”的作用，对于情况通报，只有重要的事件和精神才具有通报的意义。非典型性的好事、错误、事故、情况，不必制发通报，这也是《党政机关公文处理工作条例》对公文应当“精简高效”的要求。

（三）通报的种类

按照功能的不同，通报可以分为：表彰通报、批评通报、情况通报。

表彰通报。表彰通报适用于表彰先进组织、群体或个人推广先进经验等情况，使下级机关或有关人员从中得到教育并学有所宗。

批评通报。批评通报适用于批评犯错误的个人、单位或组织，揭露问题和不良倾向，使下级机关或有关人员得到警醒，避免类似错误的发生。

情况通报。情况通报适用于传达重要精神、告知重要情况，使有关单位和相关人员了解新问题、新动向，形成共识，统一行动。情况通报又可以分为一般性情况通报

（仅告知情况、不提要求）和指导性情况通报（既告知情况、又提要求）。

按照写法的不同，通报可以分为直述式通报、转述式通报。直述式通报是发文机关直陈发生在本机关的事情的通报。转述式通报是转发下级或不相隶属机关文件的通报。表彰通报和批评通报可以采用直述式或转述式的写法，而情况通报只能采用直述式的写法。

二、通报的写作

通报通常由标题、主送机关、正文、落款四部分构成，情况通报可以没有主送机关。

（一）表彰通报的写作

1. 标题：发文机关 + 事由 + 通报，标题中可以采用“表彰”字样。

2. 正文：表彰通报的正文通常包括四部分：事实、评价、处置、要求。

陈述先进事迹：概括介绍先进事迹，写明先进事迹发生的时间、地点、人物、经过等基本信息，说明通报表彰的缘由。

做出肯定性评价：分析、阐明先进事迹的性质和意义，做出肯定性评价。

写明表彰决定：针对事实中的组织、群体或个人做出具体的表彰决定，如通报表彰、授予荣誉称号、进行物质奖励等。

提出希望和要求：围绕先进事迹彰显的品质，针对发文对象提出希望和号召。

（二）批评通报的写作

1. 标题：发文机关 + 事由 + 通报，标题中可以采用“批评”字样。

2. 正文：批评通报的正文通常包括四部分：事实、评价、处置、要求。

陈述错误事实：概括介绍错误事实和不良倾向，写明错误事实发生的时间、地点、人物、经过、造成的影响及后果等基本信息，说明通报批评的缘由。

做出否定性评价：分析错误事实发生的原因，阐明错误的性质和危害，做出否定性评价。

写明惩罚决定：针对错误事实中的组织、群体或个人做出具体的惩罚决定，如通报批评、记过处分、取消称号和资格等。

提出希望和要求：围绕错误事实反映的问题，针对发文对象提出要求，使发文对象提高警惕，避免类似错误的发生。

（三）情况通报的写作

1. 标题：发文机关 + 事由 + 通报，标题中可以采用“情况”字样。

2. 正文：情况通报的正文可繁可简，一般性情况通报只告知情况或传达精神、不提要求，指导性情况通报可以在告知情况后再提出具体的要求。

陈述情况或传达精神：重要情况和重大精神是情况通报的主要内容，在交代情况和阐明精神时多采用陈述手法，对事实进行客观叙述，原原本本传达重要精神。

提出意见和要求：针对传达情况和精神进行一定分析，然后提出指导性意见，并根据具体情况提出相应要求。

（四）通报写作的注意事项

事实要典型：通报的事实必须典型，先进事迹要足资范例，错误事实要能反映某种不良倾向，重要情况要密切联系现实。陈述事件要注意陈述基本事实，不要在事实中夹杂个人评价，叙述方式要遵照顺叙、实叙的原则。

评价要中肯：对事实的分析和议论要切中肯綮，要能透过个案阐明背后的规律和倾向，对事实的评价要具有论断性，不能含蓄，不可模糊。

处置要准确：处置如有依据应当进行说明，无论是对先进事迹还是错误事实中的个人、组织，做出的处置都要具有导向性，明确体现发文机关的肯定性或否定性态度。

要求要合理：提出的要求和号召要有针对性，首先是要围绕事实中所彰显的品质或暴露的问题、结合评价和处置提出要求，不能脱离事实。其次提出的要求要符合受文对象的工作属性和身份特征，不能脱离对象特征提要求。

章法要严谨：章法严谨是对通报在结构上的要求。表彰通报、批评通报的正文通常都包括“事实、评价、处置、要求”四部分，但在结构上，并非所有通报都会分成四个自然段或层次。这是因为按照段落划分的原则——“单一，完整；整齐，美观”，“评价”和“处置”往往比较简短，两部分的关联又非常密切，因此可以酌情合并为一段。并且“事实”部分会单独用到叙述的表达方式，“要求”又最能彰显通报的教育性，因此表彰通报、批评通报也常常分成三个自然段处理。在事实不具有陈述必要的情况下，还可以分成两个自然段展开。这就体现了通报章法的严谨性。

三、通报和通知的异同

通报和通知的使用范围都比较广泛，通常情况下都属于下行文，在用于知照或告知对象的情况下，两者都可以是平行文。

通报和通知的不同体现在发文目的、要求程度、写作手法三个方面。

发文目的不同：通知的发文目的是使受文对象了解发文机关要求做什么和怎么做，尽快行动起来。通报的发文目的是使受文对象了解重要情况和典型事件，从中受到教育或知晓重要情况。

要求程度不同：通知具有一定的权威性和约束性，对于提出的需要办理、执行的事项，工作方法和纪律，受文对象必须执行或周知。通报主要是发出号召和倡议，不具有强制性。

写作手法不同：通知主要运用直陈的写作手法，发文机关直接做出指示、提出要求，不进行举例，不展开议论。通报因为要由事入理、就事论理，会综合运用叙述、议论等表达方式。

例文简析

【例文 1——表彰通报】

××省教育厅关于表彰全省教育系统“六五”普法先进个人的通报

各市、县、自治县教育（教科）局，××经济开发区社会发展局，各高等学校、厅直属单位（学校）：

“六五”普法期间，全省教育系统按照国家和省的统一部署和要求，结合教育系统实际，圆满完成“六五”普法各项任务目标并取得优异成绩。为表彰先进，树立典型，开创性做好“七五”普法工作，根据《××省教育厅关于推选全省教育系统“六五”普法先进个人的通知》（琼教法〔2019〕69 号），经研究，确定王××等 33 名同志为全省教育系统“六五”普法先进个人，现予以通报表彰。

希望受表彰的先进个人珍惜荣誉，充分发挥示范带头作用，为全省教育系统法治宣传教育工作做出新贡献。全省教育系统各级干部和全体教职员工要以全省教育系统“六五”普法先进个人为榜样，在“七五”普法期间扎实工作、不断创新，为推进我省教育系统普法依法治理工作和实现依法治教做出应有的贡献。

附件：××省教育系统“六五”普法先进个人名单

××省教育厅（及印章）

2019 年 3 月 5 日□□□□

【简析】

这是一则表彰通报。正文包含事实、评价、处置、要求四部分内容。因为表彰事实比较简单，没有必要展开陈述，所以事实、评价、处置合并为一段展开。希望和号召体现通报教育性的特点，所以单独作为一段，分别对被表彰个人和受文对象首段介绍受表彰的缘由及表彰事件，通过“根据”“经”“现”等词语，清楚说明了通报表彰的根据，整篇通报做到了事实典型、评价中肯、分析准确、要求中肯、章法严谨。

【例文 2——批评通报】

××大学文学院关于给予××同学严重警告处分的通报

全院学生：

近期，××同学无视我校《关于开学复课后学生出入校园管理的通知》（×大校办〔2020〕68 号）要求，不落实学校疫情防控时期的统一部署，不假、不报、擅自出校。

为严肃校纪、教育本人、警示他人，经学院党政联席会研究决定，给予××同学严重警告处分。

希望全院同学以此为鉴，充分认识目前疫情防控工作的严峻性，时刻绷紧疫情防控这根弦，为扎实推进复工、复产、复学贡献自己的力量。后期如有类似违纪行为，学院将严格按影响学校疫情防控工作处理，计入个人诚信档案，并根据学校有关规定给予处分。

××大学文学院（及印章）
2020 年 5 月 26 日□□□□

【简析】

这是一则批评通报，正文包含事实、评价、处置、要求四部分内容。首段陈述基本事实，第二段是对事实的评价和做出的处置，第三段提出希望和要求。全文语言简洁、结构严谨，符合批评通报的写作要求。

【例文 3——情况通报】

乌鲁木齐市疫情通报

7 月 15 日，乌鲁木齐市天山区发现新冠肺炎确诊病例 1 例，无症状感染者 3 例（均在医学观察中）。主要情况通报如下：

确诊病例，女，24 岁，系中泉广场三楼营业厅工作人员，常住地为乌鲁木齐市天山区。7 月 10 日，该病例因咽喉疼痛等症状，由 120 救护车运送至定点医院。该病例 7 月 14 日出现发热、头痛等症状，7 月 15 日，核酸检测结果呈阳性，经专家诊断为确诊病例，临床分型为轻型。确诊病例感染原因正在调查中。经排查密切接触者发现无症状感染者 3 例，均与确诊病例有接触史。

市新冠肺炎疫情防控工作指挥部高度重视，立即启动应急响应预案，着力切断传播途径，对确诊病例进行严密的流行病学调查，持续追根溯源，对其密切接触者进行全面排查并落实医学观察措施。加大社区和人员密集场所等管控力度，严格落实戴口罩、测温、查证、验码、登记等措施，确保人民群众生命安全、身体健康。

在此，提醒广大市民，严格个人卫生管理，保持安全社交距离，坚持戴口罩、勤洗手、常通风、不聚集等健康行为。

乌鲁木齐市新型冠状病毒肺炎疫情防控工作指挥部（及印章）
2020 年 7 月 16 日□□□□

【简析】

这是一则情况通报，标题依次是发文机关、事由、文种。因为是面向全市进行通报，故无主送机关。首段用简练的一句话概括疫情动态情况，第二段和第三段分别陈述确诊病例情况和疫情防控工作情况，最后一段提出要求。全文语言精炼、详略得当，结构严谨。

【例文 4——转述式通报】

山东省住房和城乡建设厅转发住建部
关于山东泰然工程项目管理有限公司资质申报弄虚作假行为的通报

各市住房城乡建委（建设局）:

济南市山东泰然工程项目管理有限公司（法定代表人孙××）因在房屋建筑工程监理甲级资质申报过程中存在弄虚作假行为，被住建部予以通报批评。现将住建部《关于山东泰然工程项目管理有限公司资质申报弄虚作假行为的通报》（建办市函〔2016〕473 号）转发给你们，请深刻吸取教训，严格核验资质资格申报材料，严肃查处弄虚作假行为。要督促广大建设类企业、人员引以为戒，诚信自律，共同维护建筑市场秩序。

附件：住房城乡建设部办公厅关于山东泰然工程项目管理有限公司资质申报弄虚作假行为的通报

山东省住房和城乡建设厅（及印章）
2016 年 6 月 1 日□□□□

【简析】

这是一则转述式通报，开头用简短的一句话介绍通报缘由，然后对相关单位提出要求，正文后将转发通报原文用附件标出。文章简洁明、篇幅短小、结构严谨、层次分明，符合转述式通报的写法。

第五节　报　告

【学习目标】

1. 识记报告的概念、特点、种类
2. 理解情况报告、答复报告、报送报告的写作要求
3. 掌握综合报告和工作报告的写法

一、报告的认知

（一）报告的概念

《党政机关公文处理工作条例》规定：报告是“适用于向上级机关汇报工作、反映情况，回复上级机关的询问”的公文。

“向上级机关”表明报告在行文方向上属于上行文，“汇报工作、反映情况，回复上级机关询问”是对报告适用情况的概括，用于“汇报工作”的多为工作报告，也包括报送报告，用于“反映情况”的多为情况报告，用于“回复上级机关的询问”的多为答复报告。

（二）报告的特点

陈述性。在内容上，报告用于汇报工作、反映情况、答复问题。表达方式上，报告主要使用叙述的方式，以陈述工作内容、具体情况为主，正文中不能夹带请示事项，不能使用祈请笔法。

多样性。报告种类具有多样性。按照内容的繁简程度，报告可以分为综合报告和专题报告；按照具体的适用情况，报告可以分为工作报告、情况报告、答复报告、报送报告。不同的报告，对内容、写作规范有不同的要求。

（三）报告的种类

按照内容繁简程度，报告可分为综合报告和专题报告。

综合报告是对一定阶段内全面或多项工作进行报告。这类报告注重综合性和全面性，常常会在标题中使用时间限定词表明综合性的特征。如：

海口市教育局关于2019年工作的报告

专题报告是根据某项工作、某个问题、具体情况所写的报告，内容有较强的针对性，侧重“一事一报”。专题报告根据适用情况的不同，又可以分为工作报告、答复报告、报送报告、情况报告。

工作报告：工作报告是以汇报工作为主的报告，用于向上级报告某项工作、某项任务、某次会议的经过和结果等。标题中常有“工作”字样。如：

太一钢铁公司关于落实责任制工作的报告

情况报告：情况报告是反映情况为主的报告，突出动态性、信息性，通常报告工作中的突发事件、重大事故以及带有倾向性的问题等。标题中常有“情况”“事故”字样。如：

国家水产总局关于全国水产工作会议情况的报告

铁道部关于193次旅客快车发生重大颠覆事故的报告

答复报告：答复报告是用于回复上级机关询问的报告。当上级机关以“通知”或其他形式询问下级机关某个问题或责成汇报某些工作，下级机关就需要以答复报告的形式进行回复。答复报告具有行文的被动性，上级机关询问则答复，不询问不答复。答复报告还具有内容的针对性，上级机关问什么则答复什么，未询问的不做回答。答复报告标题中常有“答复”字样。如：

××公司关于答复占地问题的报告

报送报告：报送报告是用于向上级机关报送文件或物品的报告。标题中常有“报送”字样。如：

××大学关于报送职称评审材料的报告

二、报告的写作

报告通常由标题、主送机关、正文、落款四部分构成。

报告作为上行文，主送机关统一用全称，以示对上级机关的尊重，主送机关中不使用领属性定语。

（一）综合报告的写作

标题：发文机关+主题+报告。主题可以使用时间限定词，如“2020年”。

正文：综合报告的正文通常涉及一定阶段内的多项工作，因此内容比较复杂，篇幅较长。

第一段可以简述开展工作的背景、依据、主要工作内容，然后用“现将××（时限）工作报告如下”引出具体报告内容。也可以直接用“现将我府（局、校等）××年度（时限）工作报告如下”引出具体报告内容。

主体部分常用写法可以包括三个层次：一是陈述各项工作的动态，二是指出工作中出现的问题和不足，三是提出解决和改进的方法。每部分常采用序号加小标题的形式，提出改进方法要和问题不足一一对应。

综合报告的写作要注意两个问题：一是综合报告主体部分的写作并没有固定的程式，既可以按照陈述工作动态、指出问题和不足、提出改进措施的递进式结构安排报告内容，也可以按照工作内容主次、先后的并列式结构逐项安排报告内容。二是综合报告的写作要结合综合总结的内容、依靠团队和集体的力量，最后做到重点突出、主次分明、详略得当、结构严谨。

（二）工作报告的写作

标题：发文机关 + 主题 + 报告。主题可以使用“工作”字样。

正文：开头一般言简意赅陈述工作开展的背景、根据、目的、工作内容等信息。然后可用过渡语“现将 × × 工作报告如下”引出具体工作内容。主体报告内容一般可以包括三部分：报告工作或活动动态，陈述效果和体会，指出不足和改进措施。其中，工作和活动动态要详写；效果和体会可有可无，一般有，略写；不足和改进措施一般无，如有，略写。

（三）情况报告的写作

标题：发文机关 + 主题 + 报告。主题可以使用“情况”字样，注意不能是“× × × 关于 × × × 的情况报告”。

正文：开头要直接交代报告缘由，一般是事件起因或基本情况。然后可用过渡语“现将有关情况报告如下”引出详细报告事项。详细报告事项应该包括：基本情况、问题和原因、办法和措施等内容。正文写作时候要注意：情况陈述要完整，分析要揭示实质，内容要详略得当，结构要合理严谨。

（四）答复报告的写作

标题：发文机关 + 主题 + 报告。主题可以使用“答复”“回复”字样。

正文：首段需先引述责成答复文件的标题和发文字号，然后用过渡语“现将所提问题答复如下：”引出答复事项。如：

你府《关于×××××的通知》（×府〔2019〕×号）收悉。现就所提问题答复如下：

答复事项要围绕上级询问问题，若只有一个问题，通常用一个自然段或层次答复；若几个问题，通常按照问题先后顺序依次分条答复。多个问题时可使用小标题概括主题。如：

一、关于×××××××

×××××××××××××××××。

二、关于×××××××

×××××××××××××××××。

（五）报送报告的写作

标题：发文机关 + 主题 + 报告。主题可以使用“报送”“呈送”字样。

正文：答复报告正文通常只有一句话："现将××××报送给你们，请查收。"然后在附件说明处，标注报送的文件、物品名称和数量。

报告的结语可以采用：特此报告；以上报告，请审阅；以上报告，若有不当，请指示。

例文简析

【例文 1——工作报告】

××市××乡人民政府关于抗旱工作的报告

××市人民政府：

今年入夏以来，我乡降雨相对往年明显减少，特别是7月中下旬以后，我乡持续晴热高温少雨天气，土壤墒情急剧下降，农作物生长受到严重影响，抗旱形势日趋严峻。为切实做好当前抗旱工作，乡党委、政府高度重视，积极、主动地采取各种行之有效的措施，确保全乡抗旱工作顺利进行，现将我乡抗旱工作汇报如下：

一、受旱情况

7月中下旬以来，受持续高温少雨天气影响，我乡沿佑、山院、上峙、长江四个村遭遇了不同程度的干旱，全乡范围内基本无有效降雨。严重的旱情给我乡各村的水稻生长造成了严重影响。截至目前，我乡已有90多亩农田出现稻田开裂，稻子叶片枯黄等情况；暂未出现因旱人畜饮水困难情况。持续的高温天气，导致用于水田灌溉的水渠水位下降，将使得我乡的抗旱形势更加严峻。

二、采取的措施

旱情出现后，乡党委、政府高度重视，积极采取应对措施，组织干部群众积极开展生产自救及时开展抗旱救灾工作。

（一）加强走访，摸清灾情。（略）

（二）对各引水渠道进行了清淤和初步的加固，加大了水渠的有效使用。（略）

（三）因地制宜采取抽水、引水灌溉方式确保农田用水。（略）

（四）密切关注天气并及时发布给村组。（略）

三、下一步工作打算

（一）要提高认识，面对当前严酷的自然条件，我乡将把抗旱作为当前的主要任务，坚持预防为主，提高抗旱工作的主动性、时效性和针对性，增加抗旱应变能力。

（二）提高农民群众抗旱工作水平，我乡将通过科普宣传等工作，提高和促进全乡抗旱工作的科学化水平，最大程度地减轻和消除旱灾损失。

（三）动员群众利用一切可用水源，确保抗旱工作顺利进行。

××市××乡人民政府（及印章）

2019年8月20日□□□□

【简析】

这是一则工作报告，首段概述工作背景和工作情况，正文分为三部分对抗旱工作进行阐述。第一部分介绍受旱情况；第二部分写抗旱工作的主要内容，详写；第三部分写出后续调整措施，略写。全文采用总分结构，做到了结构严谨、层次分明、详略得当。

【例文 2——答复报告】

××市××乡人民政府关于政府信息报送整改情况的报告

××市政府信息公开管理中心：

2 月 12 日，市政府办公室通报我乡政府信息公开存在初审把关不严，内容格式混乱的问题。我乡高度重视，针对存在问题，认真查找原因，弥补不足，深入开展整改，现将情况汇报如下：

加强领导，进一步明确信息报送的重要性。进一步明确政府信息报送在展示形象、宣传政策、推动工作中的重要作用，乡党委政将信息报送工作列为当前重点工作之一，多次安排部署，不断加强对信息报送工作的组织领导，明确分管领导和业务人员，全乡上下基本形成主要领导部署，分管领导落实，部门站所协同配合的工作格局，有利推动了全乡信息报送工作有较大改观。

完善机制，进一步增强信息报送的长效性。为扩大信息来源，提升信息质量，制发《××乡信息考核办法》，在全乡以站所为单位，发动全员写作，将每月上报信息作为每个干部刚性要求。针对部分员工对政务信息概念模糊、认识不清、写作能力较差开展针对性培训。严把审核关口，加强对报送信息的保密审查，安排专人对报送信息进行统一校核排版，确保报送信息格式规范、内容完整。

突出重点，进一步加大信息报送的针对性。针对上报信息滞后、内容单一问题，认真梳理信息报送要点，及时发布上报或下发相关文件，及时公布群众关心、社会关注、涉及群众切身利益的政府信息，紧紧围绕脱贫攻坚、基层党建、组织建设等重点工作，有针对性地报送我乡脱贫攻坚成就、经济社会发展亮点、典型人物事迹，把信息报送作为传播文明乡风、营造和谐氛围、推动基层治理的重要手段。

××市××乡人民政府（及印章）

2018 年 3 月 9 日□□□□

【简析】

这是一则答复报告，针对上级机关所指出的问题进行答复。正文分为三部分，分别说明了改进措施，每部分采用总分结构，先用中心句概括本段主题，后详细汇报工作内容。全文内容集中，有极强的针对性，符合答复报告的写作要求。

第六节　请　示

【学习目标】

1. 识记请示的概念、特点、种类
2. 理解请示的行文规则
3. 掌握请示的写作技能

一、请示的认知

（一）请示的概念

《党政机关公文处理工作条例》规定：请示是“适用于向上级机关请求指示、批准”的公文。

“向上级机关”是指请示在行文方向上属于上行文，因此在结构上一定有主送机关。“请求指示、批准”是指请示适用于请求指示、请求批准两种情况，也就是请示的两种类型——请求指示的请示和请求批准的请示。要注意的是，请示主送一个上级机关，不“多头请示”。

祈请性是请示最重要的特点。

（二）请示的种类

按照具体目的的不同，请示可以分为请求指示的请示和请求批准的请示。

1. **请求指示的请示：**适用于向上级机关要政策、办法、规定。

具体适用于：工作中遇到新情况、新问题，在现有方针、政策中找不到依据，需要上级机关给予指示，以便有章可循；对有关方针、政策、有疑问，需要上级机关予以解释和说明；联合行文时，发文机关在较重要问题上存在分歧，需要上级机关定夺。

2. **请求批准的请示：**适用于向上级机关要人、财、物等希望获得批准的情况。

具体适用于：在人力、财力、物资方面遇到困难，需要上级机关协助解决；请求审批项目、下拨指标、增加编制、批准方案、增设机构等需要上级批准的情况。

二、请示的写作

请示通常由标题、主送机关、正文、落款四部分构成。

（一）标　题

发文机关 + 事由 + 请示。

标题中不得出现“请求、要求、希望”等祈请性的词语，因为“请示”一词本身就含有请求、申请的意思。

请求指示的请示标题中可以酌情选择“政策”“规定”“办法”字样。

（二）主送机关

请示必须有主送机关，作为上行文，主送机关用全称以示尊重。

（三）正文的写作

请示的正文通常由请示缘由、请示事项、结语三个部分构成。

1. 请示缘由的写作

缘由是一份请示的关键，直接影响到请示目的是否能够达成。请示缘由的写作要做到真实、充分、集中。“真实”指实事求是，不能虚拟、夸大；“充分”指理由充足、有说服力；“集中”指缘由应该围绕中心、指向明确、不分散上级注意力、不发散开去。

请示缘由可采用“事实＋目的”的形式：

由于×××××××××，为（了）×××××××××

2. 请示事项的写作

请示事项是请求上级机关指示或批准的具体内容，直接反映请示的发文目的。请示事项的写作要做到明确、具体。请求批准的请示，不仅要明确写出人、财、物等需要，还要写明具体数额。请求指示的请示，要明确写出希望得到哪方面的政策、规定。只有明确具体，才便于上级做出判断进行批复。

3. 请示结语的写作

请求批准的请示结语一般采用：“特此请示，望批准”，或“以上请示，如无不妥，请批准”。如正文中已提出倾向性意见，结语可采用：“当否，请指示（批示）”，或“以上请示（意见）当（妥）否，请指示（批示）”。请求指示的请示结语可采用：“请就××涉及的政策（规定、办法）予以指示”。

（四）请示写作的注意事项

请示是事前行文：工作中遇到本机关无权、无力、无法解决的事，就应该向上级机关请求指示或批准。在上级给予肯定性答复之前，不能擅自开展工作。

内容要一文一事：“一文一事”指在一份请示中，只能就一项工作、一种情况、一个问题做出请示，既不能同时请示两件无关的事，也不能同时请求指示和批准。请示的内容应该极度简练、高度集中。

正文结构要合理：结构上，如果缘由比较简短，可将请示缘由和请示事项合成一个自然段；如果缘由需要充分说明，可将请示缘由和请示事项分成两个段落或层次。

请示要使用附注：请示要在成文日期下附注处标注联系人及姓名、电话号码。如：（联系人：×××；电话：××××××××××××）。

三、请示与报告区别

请示与报告都是上行文，都有主送机关并且使用全称，语言都应该做到陈词恳切、谦恭，因此容易被混淆使用，但两者在发文目的、行文时间、行文内容、收文处置上都存在不同。

发文目的不同：报告的发文目的是汇报工作使上级机关了解情况，为上级机关做出决策和指导工作提供依据。请示的发文目的是请求上级机关批准请示事项、指示工作方法，便于下级机关开展工作。

行文时间不同：报告既可以事中行文，也可以事后行文，不事前行文。请示必须在事前行文，待上级批复后才能开展工作。

内容要求不同：报告可以就某一阶段的多项工作内容进行汇报，可以"一文数事"。请示只能"一文一事"。

收文处置不同：收到报告后上级机关一般不需答复，请示要求上级机关无论同意与否都应及时进行批复。

例文简析

【例文 1——请求批准的请示】

××大学后勤部
关于维修学校北门经费的请示

××校总务处：

我校区北门为我校建校时所建，至今已有 58 年。由于年久失修，多处瓷砖滑落，大门旁门卫处的房子玻璃破碎，屋顶漏雨，存在严重的安全隐患。同时，大门西侧的"××大学"字样模糊不清，影响学校形象。为消除安全隐患，保证师生安全，我部拟对学校大门进行修补，经初步核算，上述维修项目共需要资金 25 000 元。由于我部资金有限，无力承担维修经费，特向校总务处提出申请划拨修建项目补助资金 25 000 元。

特此请示，望批准。

××大学后勤部（及印章）
××年×月×日□□□□

【简析】

这是一则请求批准的请示。标题采用“发文机关 + 事由 + 请示”的结构，简洁醒目。正文包含请示缘由和请示事项两部分，因篇幅较短，故将缘由和请事项合为一段处理。请示缘由做到了真实、充分、集中，请示事项明确、具体，同时符合请示写作“事前行文”和“一文一事”的特征，达到了请示的写作标准。

【例文 2——请求指示的请示】

××大学关于增设秘书专业规定的请示

××省教育委员会：

秘书是各级领导的参谋和助手，当前社会对秘书的需求存在巨大缺口，据了解，仅我省县以上党政机关和企业事业单位现在所需秘书人员，就在××人以上。目前各级机关的秘书，基本上仍采用“传帮带”的传统方式，没有受过系统、严格的秘书专业教育和训练，专业素质不能适应新形势的要求。基于这一现实需求，为培养高层次的秘书人才，我校拟开展增设秘书专业工作。

为筹建秘书专业，我校已初步成立了筹备小组，成立了秘书学教研室。现有秘书专业教师 18 人，其中教授 3 人、副教授 6 人、讲师 9 人。近两年，自编了部分教材，分别与××、××等机构联合举办过多期秘书人员培训班，积累了一定的经验。

请就增设秘书学专业方面的规定予以指示。

××大学（及印章）

2018 年 5 月 25 日□□□□

【简析】

这是一篇请求指示的请示。标题采用“发文机关 + 事由 + 请示”的形式，使用了“规定”表明请求指示的意图。缘由部分分为增设专业的现实依据、已有的工作基础两部分，按照先后关系分成两个段落处理。结语再次表明请求指示的意图，全文做到了缘由充分集中、事项明确具体，符合请求指示的请示的写作要求。

第七节　函

【学习目标】

1. 识记函的特点、种类
2. 掌握函的特定格式和写法
3. 理解请批函与请示的异同

一、函的认知

（一）函的概念

《党政机关公文处理工作条例》规定："函适用于不相隶属机关之间商洽工作、询问和答复问题、请求批准和答复审批事项。"

"不相隶属机关"是指在行政组织系统中没有上下级关系的机关，包括平行和互不隶属两种情况。"适用于不相隶属机关之间"说明按照行文方向，函和复函都属于平行文。"商洽工作""询问和答复问题""请求审批和答复审批事项"是函的主要功能，也概括了函的三种类型：商洽函、询问函、审批函。

（二）函的种类

按行文主动与否，函可以分为主动行文的去函和被动行文的复函。根据具体发文目的的不同，又可以分为商洽函与答复商洽事项函，询问函和答复询问事项函，请批函和答复请批事项函。

商洽函和答复商洽事项函：商洽函适用于向不相隶属机关之间商洽工作，具体包括洽谈业务、沟通协作、商调人员、租借场地等情况。答复商洽事项函用于对商洽问题进行答复。

询问函和答复询问事项函：询问函适用于向不相隶属机关之间询问问题，具体包括询问价格、规定等情况。答复询问事项函用于对询问问题进行答复。

请批函和答复请批事项函：请批函适用于向不相隶属的业务主管部门请求批准事项，例如供水、供电、供气、贷款等情况。答复审批事项函用于对请求批准的事项做出答复。

二、函的写作

函通常由标题、主送机关、正文、落款四部分构成。

（一）标　题

函的标题通常采用发文机关 + 事由 + 函（复函）的形式，标题中可以酌情选择"商洽""商请""请求"等字样用于表明意图。如：

××关于商洽租用舞台场地的函

××关于××租用舞台场地的复函

（二）主送机关

函的主送机关用全称或规范化简称。

（三）正文的写作

函的正文一般由缘由、事项和结语构成。

去函：去函的正文包括去函缘由和去函事项两部分。缘由一般会写出发函的目的、根据等内容，事项是函的核心内容。如发函事项比较简单，可自然过渡到事项。如发函事项比较烦琐，可用“现将有关问题说明如下”作为过渡语，然后分段或分条列项写出相关事项。

复函：复函的正文包括复函缘由和答复两部分。复函缘由即来函，因此要先引述来函标题和发文字号，引述来函后常加“收悉”或“悉”，然后用过渡语“现函复如下”或“现答复如下”引出答复。答复的写作要注意明确性和针对性，如不能答应对方请求，要在合理范围内进行解释。

结语：去函的结语常用“专此函达”（不需回复的去函）“专此函达，请予函复”“祈望函复为盼”“上述请求可否，请予函复”等。复函的结语常用“专此函复”“专此函告”“特此函复”等。

函的写作要开门见山，无论去函还是复函，都要直接简洁，避免空话、套话等不必要的信息，不发无关的议论。函的内容要一函一事，语言要谦和有礼。

三、请批函与请示的异同

请批函和请示都可用于请求批准，但使用时有严格的区别，主要有以下几点：

行文方向不同：请示是上行文，函是平行文。因此请示主送机关通常使用全称以示尊重，请批函的主送机关可以使用全称或规范化简称。

适用情况不同：请示既可用于请求批准，又可用于请求指示。请批函主要用于向业务主管部门请求批准事项。如需了解相关规定和办法，可用询问函。

复文方式不同：答复请示用批复，答复请批函用复函。

例文简析

【例文 1——商洽函】

××大学关于商洽租用舞台和场地的函

××文化艺术中心：

我校将举办“第×届青年教师教学技能大赛”，特致函贵中心商洽以下事项：

一、2020 年 9 月 25 日，在贵中心不演出、不放映的前提下，拟租用贵中心舞台及全部设备，以及底楼场地一天。

二、所租用场地和设备若有损坏，我校会照价赔偿。

三、若贵中心同意届时出借，请提出费用数额的意向。

四、未尽事宜，我校可派人赴贵中心应询。

可否，请予函复。

××大学（及印章）

2020年9月12日□□□□

【例文2——请求审批事项函】

××市卫生局关于请求批准录用应届毕业生的函

××市人事局：

根据市委组织部、市人事局《关于2015年市级机关录用应届高校毕业生的通知》（××〔2010〕1号）精神，我局对拟录用到我局机关工作的高校应届毕业生按规定程序进行了考试、政治审查。经研究，拟录用××等5人。

请予审批。

附件：录用审批材料

××市卫生局（及印章）

××年×月×日□□□□

【例文3——答复请求审批事项函】

教育部关于同意湖南软件职业学院升格为本科层次职业学校的复函

湖南省人民政府：

《湖南省人民政府关于申报2019年度本科学校设置有关事项的函》（湘政函〔2019〕83号）收悉。

经研究，同意湖南软件职业学院升格为本科层次职业学校，学校名称暂定为"湖南软件职业学院（本科）"，学校标识码为4143013925，开展本科层次职业教育试点。

请你省指导该校明确办学定位和发展方向，在师资队伍、实训课程、专业教学、技能培训等方面进一步完善提高，保持职业教育属性和特色，坚持培养高层次技术技能型人才的定位，并于2020年12月底组织对该校进行测评指导后，将测评报告于2021年1月10日前报送我部。我部将据此批准更名为"湖南软件职业大学"，并做好后续跟踪指导工作。

教育部（及印章）

2020年6月29日□□□□

【党政机关公文拓展】——申论

一、申论的认知

申论即申而论之，“申”指申述、申辩、申明，“论”指议论、论说、论证，申论指针对某一问题阐述自己的观点，并进行论述。今天的申论是国家公务员录用考试的笔试科目，既区别于古代科举考试中要求就给定的题目论证某项政策或对策的形式，又有别于早期公务员录用考试中命题作文的形式。作为公务员考试的应试文体，今天的申论是针对给定材料或特定话题而引申开来、展开议论的一种测试方式。

申论作为公务员选拔录用的测试方式，是在充分吸收策论、基础写作、公文写作优点的基础上发展起来的，一种以考查应试者实际能力为目标的科学的测评方式。从考试大纲规定及历年真题来看，申论考试为考生提供了一系列反映特定实际问题的文字材料，要求考生在仔细阅读给定材料后，概括出它们反映的主要问题，并提出解决此问题的实际方案，最后再对自己的观点进行较详细的阐述和论证的过程。

二、申论考试题型

申论主要通过测试应试者对给定材料的分析、概括、提炼和加工，来考查应试者阅读理解能力、综合分析能力、提出和解决问题能力以及文字表达能力。考试题型主要有以下几种：

（一）概括类题型

通过阅读给定材料，找出关键词，利用概括和归纳的方法将各种关键词语进行分类整合，按照题干要求答题。主要分为概括概念（包括内涵和外延）、概括特征、概括问题或原因、概括影响、概括主要内容等。答题应尽量使用原文中的关键词。

（二）对策类题型

通过阅读给定材料，按照题干要求，分析问题并提出解决对策。对策主要分为直接对策、间接对策和自创对策。其中，直接对策指可直接从材料中找出，不需要转化也不需过多润色，稍加修饰即可的对策。间接对策指需要适度的言语转换，通过问题推对策、原因推对策、经验教训推对策三种间接推导方法，推导出来的对策。自创对策指材料中无直接对策，也无可间接推导的问题、原因、经验教训，需要应试者运用个人知识储备，进行填充扩展，根据原文涉及的点去提出对策。

（三）分析类题型

通过阅读给定材料，分析题干与材料，按照题干要求进行作答。主要分为解释类和评论类两种分析题型。解释类题型是指解释一句话或一种现象，通过解释这句话或这一现象的含义，分析原因、说明影响，提出对策或者进行总结的题型。评论类题型是指先进行观点判断，再进行解释，即在解释类题型的基础上，加上观点判断的题型。

（四）应用文写作题型

通过阅读给定材料，按照题干要求，确定具体文种后进行写作，重点考核应试者对各类文种格式和内容的掌握情况。主要分为建议类、宣传类、总结介绍类三种写作题型。其中建议类写作指写意见书或建议书，结合材料给出的背景，分析影响，提出对策。宣传类写作指写倡议书、宣传稿等，结合材料给出的背景或政策，分析现状、原因或影响，进行总结，最后可提出对策或提出呼吁。总结介绍类写作指写编者按、情况汇报、讲话稿、调查问卷等，结合材料给出的背景，陈述客观事实如现状、事例、调查结果等，分析原因或影响，并提出未来对策或总结畅想。

（五）大作文写作题型

通过阅读给定材料，按照题干要求，进行申发论述作文，重点考核应试者作文写作结构的完整程度和对给定内容的理解程度。一般答题步骤如下：点题，紧扣资料，落笔入题，解决“是什么”的问题；破题，点破题旨，立竿见影，解决“为什么”的问题；立题，深入浅出，鞭辟入里，解决“做什么”的问题。从点题到破题，再到立题，是一个从虚到实、层层深入的过程。

三、申论答题技巧

申论给定材料通常涉及某一个或某几个特定的社会问题或社会现象，要求应试者能够在准确理解材料所反映主要内容的基础上，对问题所涉及的各个方面进行全面分析，并能在把握材料主旨和精神的前提下，针对此问题形成并提出自己的观点、思路或解决方案。申论考试主要考查应试者阅读给定材料和论述主要问题的能力。

（一）阅读材料技巧

申论给定材料一般字数较多，内容翔实，结构复杂，完成阅读需要较长时间。阅读过程需要应试者完成把全部材料划分为几类材料，找出分散现象之间的内在关联，由材料内联系上升到材料外思考，由事实上升到观点，重点考查应试者的阅读理解和总结概括能力。在实际考查中可采用第一遍通读、第二遍细读的方法。

通读即带着问题快速阅读，旨在了解材料内容。带着问题，可以对材料有整体把握，能够明确阅读方向。通读时需要对关键的词句做记号，把握材料关键句，理解关键词意。

细读即在理清脉络，对材料有整体了解后，有目的性地阅读，由感性认知上升到更高层次的抽象理解。细读时需要简练总结自然段的内容，然后划分段落层次、提炼中心思想。

（二）回答问题技巧

申论考试材料内容广泛，形式灵活多样，考查目标明确，因此答题时要具有宏观视野和开阔思路，完成问题分析，对策提出，方案论证。

第一，分析问题的思路用于解决“是什么”“为什么”“怎么做”的问题。“是什么”确定问题归属，如教育领域，医疗领域，食品安全领域，突发事件领域等。“为什么”确定问题诱因，如政府原因，历史原因，当事人原因等。“怎么做”确定解决策略，如通过完善法律途径，通过宣传教育途径，通过监督防范途径等。

第二，提出对策的思路需要灵活巧妙地运用矛盾普遍性和特殊性的辩证关系进行分析，充分发掘矛盾共性的同时，抓住矛盾的个性。首先根据矛盾特殊性，找出问题根源。然后利用矛盾普遍性，借鉴决策理论，参照已有实际问题的对策措施，提出新对策。最后将材料中已有对策和分析后提出的新对策加以综合，删繁就简，归纳总结成具体可行的几项对策。

第三，论证方案的思路即判断方案的可行性和有效性。首先方案要有针对性，问题和对策之间应该是一一对应的关系。其次对策要有可行性，要符合题干要求与现实需求，具有可操作性，即主体具体明确，方法切实可行。最后方案要合情、合理、合法。

第3章

事务性文书

在党政机关、企事业单位、社会团体中，为处理好日常工作事务，除党政机关公文之外，还需要运用一些事务性文书。这些文书虽不属于党政机关公文的范畴，但因使用范围广泛、使用频率较高，成为党政机关、企事业单位、社会团体处理日常工作不可或缺的工具，并因此构成了现代应用文的重要组成部分。当代大学生在日常学习、社团工作中，常常也会接触到事务性文书的写作。因此，学习计划、总结、调查报告等事务性文书的写作，对于满足大学生当前需求和未来的就业需求，具有重要的现实意义。

第一节　事务性文书概述

【学习目标】

1. 识记事务性文书的概念
2. 掌握事务性文书的特点
3. 理解事务性文书的种类

一、事务性文书的概念

事务性文书，是党政机关、企事业单位、社会团体在处理日常工作事务时经常使用的，除党政机关公文之外的应用文书类型。“处理日常工作事务”，是指事务性文书适用于沟通信息、安排工作、总结得失、调查研究等日常性工作。计划、总结、调查报告、述职报告、会议记录、消息，是常用的是事务性文书文种。

和党政机关公文相比，事务性文书具有行文方式灵活和适用范围广泛的特点。

行文方式灵活是指制发程序的灵活和写作方式的灵活。事务性文书不需要像党政机关公文那样遵循严格的制发程序，使用主体可以根据具体情况灵活写作。在内容和格式规范上，只要能达到具体的现实目的，事务性文书同样不需要遵循非常严格的规范。

适用范围广泛是指事务性文书使用作者的广泛和适用情况的广泛。事务性文书不强制要求写作主体必须是法人作者，只要有发文需要，党政机关、企事业单位、社会团体乃至个人都可以使用事务性文书处理工作。适用情况的广泛指事务性文书可用于沟通信息、协调工作、总结得失、调查研究等多种工作情况。因为行文的灵活性和作者的广泛性，事务性文书在处理日常工作中的使用频率很高，常常在党政机关公文之上。

需要注意的是，事务性文书一般不在各单位之间传发。如在具体工作中有传发的必要，可以通过附件的形式附在法定公文中传发。

二、事务性文书的种类

事务性文书包含的文种非常丰富，按照写作目的和适用对象的不同，事务性文书可以分为计划类文书、总结报告类文书、会议类文书、消息类文书、规章类文书几种。

计划类文书是指单位或个人对一定时限内将要开展的工作或生活，进行有目的、有步骤的安排或部署时所撰写的文书。按照涉及时间长短、实施步骤详略、构思成熟程度等不同，计划类文书包括：规划、纲要、方案、草案、设想、安排、要点等。

总结报告类文书是指单位或个人针对已完成或正开展的工作、已结束或正在进行的事件，围绕工作内容、成绩与经验、问题与不足等方面进行回顾、分析、调查、研究的文书类型。总结报告类文书包括：总结、调查报告、述职报告等。

会议类文书是指党政机关、企事业单位、社会团体为了解决具体问题或达到某个目的而组织会议时，围绕会议形成的直接或间接材料。宽泛来说，与会议有关的文字材料都是会议类文书。会议类文书包括：会议通知、会议记录、会议纪要、开幕词、闭幕词、会议简报等。

消息类文书是指将新近发生的、有报道价值的、需要使相关机构或人员知晓的事件，用简明扼要的文字进行报道的文书。消息类文书包括通讯、简讯、新闻稿等。

规章类文书是指党政机关、企事业单位、社会团体为保障工作、生产等日常活动的正常开展，在不违背国家法律、法规的基础上，根据自身职权范围制定的具有约束性和规范性的文书。规章类文书包括：章程、制度、条例、规则、办法、守则、细则等。

结合当代大学生的学业和就业需求，本章将计划、总结、调查报告、述职报告、会议记录、消息作为详细讲解的文种。

第二节 计　划

【学习目标】

1. 识记计划的含义和特点
2. 理解计划的内容要素
3. 掌握计划的写作方法

一、计划的认知

计划是指单位、部门或个人将在一定时间内要完成的工作进行有步骤的安排或部署时所撰写的文书，通常根据内容涉及的时间长短、实施步骤详略及成熟程度的不同，分为规划、方案、要点、安排、设想等类别。

规划：是国家、单位制定的具有全局意义的、长远的计划。

方案：为做好某专项工作而制定的较周密的计划。

要点：对某项内容进行着重强调的粗线条、提纲式的计划。

安排：时限短、内容较单一、事项具体的计划。

设想：关于某项工作初步的、不太成熟的计划。

计划具有预期性、指导性、实践性。

预期性。计划是对未来工作的一种筹划和设想，具有很强的预期性。计划的制定者要对客观实际进行细致的分析，充分考虑到计划实施过程中可能发生的情况，对工作的步骤和结果做出正确的预见，从而制定出科学的计划。

指导性。计划一旦成文，就对实践起一种管理和调控的作用，具有一定约束力。计划具有明确目标、统一认识、协调行动、指示方法步骤的作用，因此具有指导性的特点。

实践性。预期的计划是为了付诸实践，需要在工作中起指导和调控作用，因此计划必须符合实际，具有实践性。制定计划时必须科学地分析主客观因素，使计划明确具体、切实可行，符合实践。预定的工作目标应实事求是，通过努力可以达到。

按照不同的标准，可将计划分为不同的种类。

按照内容涉及项目多少，有综合计划（统筹安排各项工作的计划）和专项计划（某项工作或活动的计划）。按照内容性质的不同，有工作计划、学习计划、生产计划等。

按照时间的不同，有长期计划（5 ~ 10 年）、中期计划（2 ~ 3 年）、短期计划（年度、季度月计划等）。按照作者的不同，有国家计划、地区计划、行业计划、单位计划、部门计划、个人计划等。

按照内容成熟程度的不同，有已确定的计划和未确定的计划（标题后需在括号内注明“草稿”“草案”，或在标题下居中注明“征求意见稿”“第 × 稿”“供讨论用”等）。

按照外观形式的不同，有文字式计划、表格式计划、文字表格结合式计划。

二、计划的写作

计划通常由标题、正文、落款三部分构成。

（一）标题的写作

计划的标题多参考党政机关公文标题的形式，通常由“单位+期限+主题+计划”构成。如：

××大学 2020—2021 学年德育工作计划

计划的标题也可以根据具体情况省略其中某些要素，如省略期限、省略单位等，如：“× × 市民政局会议方案”省略了时限，“2020—2021 年城市发展规划”省略了单位，“计算机培训计划”省略了单位和时限。

还有些计划要在标题尾部用圆括号加“草案”“初稿”“讨论稿”等字样表明其成熟程度。如：“× × 公司 2021 年度生产计划（讨论稿）”。

（二）正文的写作

计划的正文通常包括“为什么做”“做什么”“怎么做”三部分。“为什么做”即计划的依据和目的，“做什么”即计划的任务和目标，“怎么做”即计划的措施和步骤。

1. 开　头

计划的开头通常表述计划“为什么做”，即计划的依据和目的。依据指制定计划的指导思想、方针政策、文件精神等内容，目的指计划实施后应该收到的整体成效。

有的计划开头侧重表述目的。如“××石油化工总厂2020年财会人员培训计划”的开头是：

> 为提高企业经营管理水平，适应本厂业务发展的需要，经厂长办公会议决定，举办我厂财会人员培训班。要求通过培训，使没有经过系统的专业学习的中青年财会人员，在本职业务上达到财经中专毕业水平，能正确地掌握中级财会理论知识和财会工作技能。

有的计划开头侧重表述依据。如“××公司2020年普及法律常识的安排”的开头是：

> 遵照市委、区委、区法制教育领导小组提出的关于向全区公民普及法律常识的计划，根据公司具体情况，将普及法律常识工作安排如下。

2. 主　体

主体是计划的主要部分。包括“做什么”和“怎么做”，即制定计划的任务和目标，以及相应的措施和步骤。

正文的主体部分通常先写计划的任务和目标。任务是对整体目标和总体任务的分解，一般表述为具体的项目和工作类型。目标是指每一项目和工作在数量、质量、速度等方面应达到的标准。任务和目标的制定要注意结合实际，表述要明确具体。

措施和步骤通常写在任务和目标的后面。措施和步骤是实现计划的保证，所以应该紧紧围绕目标和任务来制定。措施主要包括组织领导、人员调配、进程安排、物质保证、方式方法等。步骤是实行计划的阶段和期限，要明确表述出项目的先后顺序和轻重缓急。措施的制定要切实、可行，步骤的制定要合理、具体，措施和目标的写作要做到清楚、明确、具体，既便于明晰责任和分工，确保计划得以顺利进行，也便于执行和检查，可以及时督促和落实。

计划主体部分的写法有分部式写法、条文式写法两种。

分部式写法是将任务和目标、措施和步骤分成两个部分进行写作。先写任务和目标，再写措施和步骤。采用分部式写法时要注意的是，措施步骤要和任务目标做到一一对应，哪个任务目标在前，就先写该任务的措施和步骤。分部式写法的优点是结构清晰，主次突出，详略得当。

条文式写法是将任务目标和相应的措施步骤结合在一起进行写作。以任务和目标为纲，在具体的任务目标后随即写出相应的步骤和措施。采用条文式写法时要注意的是，任务和目标的表述要注意先后顺序，哪个任务在前、哪个任务在后要谨慎辨析。同时要注意任务目标、措施步骤的表述要层次分明，避免夹杂不清。条文式写法的优点是目标和措施结合紧密、简洁醒目。

3. 结　尾

计划的结尾部分可以是对工作重点的再次强调，也可以是对可能出现问题或困难的说明，还可以是执行过程中的要求和注意事项。要注意的是，不是所有计划的正文都需要分成开头、主体、结尾三个层次。例行计划可以没有开头，多数计划可以以主体部分直接结束，不再写作独立于主体之外的结尾。

（三）落款的写作

计划标题如已包含单位名称，可以在正文右下方标识成文日期作为落款。如标题中不包含单位名称，可以在正文右下方署单位名称和成文日期作为落款。

（四）计划写作的注意事项

计划的写作离不开计划的制订，计划的制订要做到：实事求是，集思广益，合理适度，灵活机动。

制订计划之前要实事求是地分析主客观条件，既要充分把握客观条件，同时还要结合自身水平，这样才能确保计划内容既超越现在、又不好高骛远。计划具有实践性，群众是执行计划的主体，制订计划如果仅仅依靠个人力量，就容易造成计划缺乏科学性，得不到群众的理解和配合，从而影响计划实施。所以制订计划要广泛征求群众意见，听取工作人员和专家意见，集思广益，确保计划的实施。只有在实事求是、集思广益的基础上，才能制订合理适度的计划。

计划的目标和措施还要灵活机动，要充分考虑计划实施过程中的各种可能性，确保目标、步骤留有余地，科学地预留出一定的变动空间。要说明的是，灵活机动并不妨碍计划的原则性，而是科学地预测可能出现的情况，确保能灵活应对，避免因为意外情况推翻整个计划。

在实事求是、集思广益、合理适度、灵活机动制订计划内容的基础上，计划的写作要做到：目标明确、措施具体，条理清晰、逻辑严谨。

目标明确、措施具体是指计划关于目标和任务的表述必须做到明确，关于措施和步骤的表述必须具体。目标、措施的表述绝对不能笼统、含糊，必须使执行者不仅清楚地知道做什么、做到何种程度，还需要清楚地知道怎么做、何时完成等问题，要尽可能详细地写出完成计划的数量、质量、分工、步骤、措施等内容，确保计划的开展有的放矢。

条理清楚，逻辑严谨是指计划的写作要注意各项内容之间的内在逻辑，按照逻辑顺序分部或分条写明各项内容，目标、措施、步骤，环环相扣，做到条理清楚，逻辑严谨。

例文简析

【例文 1——年度计划】

××大学教务处 2019 年工作计划

在校党委、行政的领导下，教务处将以认真贯彻落实教育部和省教育厅相关文件精神为准绳，强化教学管理，建立健全各项教学管理制度，优化教学资源，搞好教学与教研工作，狠抓教风与学风建设，进一步提高学院教育教学质量和教学工作水平。

一、重点工作

（一）充分利用教务管理平台，做好学籍管理、教务管理与考试管理工作，保证教学秩序的正常运转

充分利用教务管理平台，提升我校教务教学管理水平，满足本科教学水平评估工作对教务管理的要求，实现教学管理规范化、信息化，适应现代化办学的需要。继续推进教学秘书的培训制度，保证学生学籍、考试数据上报的准确性、即时性，深化考试制度改革，严格学业成绩管理，逐步使考试工作制度化、规范化、科学化。为学生创造良好的竞争环境。

（二）完善教学管理体系，推进管理制度。（正文略）

（三）狠抓“质量工程”，确保项目建设取得实效。（正文略）

（四）探索教学评价的有效模式，提升本科教学质量。（正文略）

二、常规工作

（一）进一步加强教学管理、学籍管理、教务管理、考试管理，开展全面教学秩序检查工作。

（二）强化教学环节的质量标准建设，健全教学质量监控体系，强化评教工作，对教学质量做出综合评价，真正发挥教学质量监控作用。

（三）评选 2019 年全校优秀课程，进行优秀课程建设。

（四）2016 年已立项教学改革项目的结题；2019 年教学改革项目的申报和评审。

（五）对试卷、毕业论文、教案及各种成绩登记和统计工作进行检查与整改。

请各部门遵照执行。

【简析】

这是一篇年度工作计划，标题采用“单位+期限+主题+文种”的形式。第一段写明计划的依据，下文采用条文式写法，将任务要求与措施步骤相结合，每一部分采用小标题的形式，概括列出工作任务，在每一项任务后写出根据需要写出措施。本篇计

划中提出的任务明确具体，措施具体可行，能够发挥计划安排部署工作的作用。

【例文 2——专项计划】

重庆市贯彻落实土壤污染防治行动计划工作方案①

为贯彻落实国务院《土壤污染防治行动计划》(国发〔2016〕31 号)，切实保障农产品质量安全和人居环境健康，深入推进生态文明建设，特制定本工作方案。

一、总体要求

全面落实“五位一体”总体布局和“四个全面”战略布局，践行创新、协调、绿色、开放、共享的发展理念，坚持生态优先、绿色发展，深入推进“蓝天、碧水、宁静、绿地、田园”环保五大行动。以保障农产品质量和人居环境安全为出发点，坚持预防为主、保护优先、风险管控、综合治理。落实政府、部门和企业土壤污染防治责任，形成政府主导、企业担责、公众参与、社会监督的土壤污染防治机制。改善土壤环境质量，不断增进民生福祉，为把重庆建成碧水青山、绿色低碳、人文厚重、和谐宜居的生态文明城市提供良好的土壤环境。

二、工作目标

到 2020 年，全市土壤环境质量总体稳定，农用地和建设用地土壤环境安全得到基本保障，土壤环境风险得到基本管控。到 2030 年，全市土壤环境质量稳中向好，农用地和建设用地土壤环境安全得到有效保障，土壤环境风险得到全面管控。到本世纪中叶，土壤环境质量全面改善，生态系统实现良性循环。

三、主要指标

(一)土地安全利用指标

到 2020 年，全市受污染耕地安全利用率达到 90%，污染地块安全利用率达到 95%；再开发利用地块土壤环境调查与风险评估率达到 95%。到 2030 年，全市受污染耕地安全利用率达到 95%，污染地块安全利用率达到 98%。

(二)农业污染控制指标

到 2020 年，全市粮油、蔬菜、水果主产区化肥、农药施用量实现零增长，化肥利用率提高到 40%，测土配方施肥技术推广覆盖率达到 93%，规模化养殖场和养殖小区配套废弃物处理设施比例达到 75%、正常运行率达到 90%。

四、主要任务

(一)开展土壤污染状况详查，实施“一张图”管理。(略)

(二)健全土壤污染防治法规制度，完善技术规范体系。(略)

(三)加强土壤环境保护，严控新增土壤污染。(略)

(四)狠抓农用地污染防治，保障农产品质量安全。(略)

(五)加强建设用地风险管控，保障人居环境安全。(略)

---

① 《重庆市贯彻落实土壤污染防治行动计划工作方案》。重庆市人民政府网站，http://www.cq.gov.cn/zwgk/zfxxgkml/szfwj/xzgfxwj/szf/201611/ t20161110_8836957.html.

（六）实施目标考核，严格责任追究。（略）

五、保障措施

（一）提升监管能力。（略）

（二）强化监督执法。（略）

（三）强化科技支撑。（略）

（四）加大资金保障。（略）

（五）加强社会监督。（略）

【简析】

这是一篇专项工作方案，内容是关于“重庆市贯彻落实土壤污染防治行动计划工作方案”。开头写明制订方案的目的“为贯彻落实国务院《土壤污染防治行动计划》，切实保障农产品质量安全和人居环境健康，深入推进生态文明建设”，然后用过渡句“特制定本工作方案”引出下文。下文采用分部式写法，将总体要求、工作目标、主要指标、主要任务、保障措施分部撰写，结构清晰，任务明确具体，保障措施合理可行。

第三节　总　结

【学习目标】

1. 识记总结的含义、特点
2. 理解总结的内容要素
3. 掌握总结的写作要求

一、总结的认知

总结是单位或个人对于已经完成或开展到一定阶段的工作和任务，进行回顾、分析、评价，找出成绩与经验、问题与不足、用于指导今后实践的事务性文书。总结是积累经验的重要手段，是避免错误的有效方式，是把握规律的可靠途径。

总结是类型文书，小结、反思、心得、体会，都属于总结的范畴。

总结具有时效性、客观性、理论性。

时效性。总结的目的是“找出成绩与经验、问题与不足、用于指导今后实践”，这就要求总结必须及时，这样才能推广成功经验、避免重犯错误、更好地改进以后的实践。

客观性。总结的客观性体现在针对客观发生的事实、回顾态度的客观两个方面。总结的现实对象是实际情况，因此要求内容必须忠实于实践过程，不能夸大、虚拟事实。对客观事实的回顾态度同样必须客观，这就要求不能以主观好恶为判断标准，尤其要敢于正视存在的问题，进行全面、客观、实事求是地评价，既不夸大成绩，也不隐瞒错误，才能达到总结的目的。

理论性。总结的目的是通过对客观事实的客观回顾发现规律性的认识，因此具有理论性。总结不能只是简单地罗列材料，也不能简单地陈述事实，不仅要评价工作做得怎么样，还要指出做成这样的原因，因此必须借助理论并且上升到理论层面，从个案上升到现象，从一般上升到规律，从感性上升到理性。

按总结涉及的事项多少，有综合总结和专题总结。综合总结即对一定阶段内工作的全面总结，涉及面广，涉及事项多，是对全局工作的回顾和反思。专题总结即就某一工作、或具体问题进行专门的总结，与综合总结相比，专题总结内容集中具体，针对性强。

按内容不同，总结可以有生产总结、工作总结、思想总结、学习总结等。按时间不同，总结可以有年度总结、季度总结、月份总结等。按作者的不同，总结可以有单位总结、部门总结、个人总结等。

二、总结的写作

总结通常包括标题、正文、落款三部分。

（一）标题的写作

总结的标题可以采用三种形式：公文式标题、文章式标题，双标题。公文式标题的优势是简洁醒目，文章式标题的优势是重点突出，双标题的优势是综合公文式标题和文章式标题两者的长处。

使用公文式标题，可以由“单位+期限+主题+总结”构成。如：

××大学 2020—2021 学年教学工作总结

文章式标题是在对总结内容进行高度提炼的基础上形成。如：

抓住机遇，发挥优势，促进电力事业发展

总结还可以综合公文式标题和文章式标题的优势，使用主副双标题的形式。使用双标题时，主标题通常是对主题、观点的概括，副标题则是对总结对象的说明。如：

狠抓技术改造，实现扭亏转盈

——××公司信息技术部 2020 年工作总结

（二）正文的写作

总结的正文通常由开头、主体、结尾三个部分组成。通常包括：基本情况，成绩和经验，问题和教训，今后努力的方向等要素。

1. 开　头

总结的开头常包括以下内容：工作背景和依据，主要工作内容，总结的根据和目的等。开头的作用是简明扼要地介绍基本情况，为主体做铺垫。也可在开头部分高度概括地介绍工作的主要内容，在主体部分里再进行详细叙述。

总结开头的写作要做到开门见山、高度概括，之后可用过渡语“现将××年度的（××）工作（活动）总结如下”引出总结的主体内容。

2. 主　体

总结的主体内容常包括以下内容：工作成绩和经验，存在问题和教训，改进措施和今后努力方向。

工作成绩和经验是总结的重点。工作成绩和经验通常包括做了哪些工作、相应的做法和步骤、达到的效果和取得的成绩、取得成绩的经验四个层次的内容。在工作成绩和经验这一部分，工作内容和方法是基础，对取得成绩的分析和归纳是总结的重点。写作这一部分，要分清主次，概括性地叙述工作内容和方式，详细地、深入地分析取得成绩的经验，做到重点突出、详略得当。

存在问题和教训同样是总结的重点。存在问题和教训包括工作中产生的问题和过失，造成的后果和产生的影响，发生问题的主客观原因，以及得到的教训。不同的总结对问题和教训的侧重点不同，如实际效果远超出预期，那这一部分是需要略写或不写的内容，如实际效果远离预期，就需要重点突出这一部分。在写作问题和教训时，尤其要注意全面、客观、深刻，绝对不能回避问题，尤其要重视对主客观原因的分析，层层深入、触及本质地形成普遍性的经验。

改进措施和今后努力方向是在总结经验、归纳教训的基础上，针对以后此类工作形成的设想，带有方针性的计划性质。不同的总结对这一部分的重视程度有所不同：突出成绩和经验的总结可以略写或不写这一部分；对于突出问题和教训的总结，则必须、甚至详细地写这一部分。在写作改进措施和今后努力方向时，要注意提出的改进措施和努力方向应该和上一部分的问题和教训形成对应，要针对问题、教训提出改进措施和努力方向，提高针对性。

和计划相似，总结主体部分常用的写法有分部式写法、条文式写法两种。

分部式写法是将工作成绩和经验、存在问题和教训、改进措施和今后努力方向分成三个部分依次写作，先写工作成绩和经验，再写存在问题和教训，最后写改进措施和努力方向。采用分部式写法时要注意的是：根据具体情况的不同，三个部分的详略要进行调整，以凸显重点。措施步骤要和任务目标做到一一对应，哪个任务目标在前，就先写该任务的措施和步骤。

条文式写法是将工作成绩和经验、存在问题和教训、改进措施和今后努力方向合在一起进行写作。这种写法需要发挥写作者更多的主观能动性。可以以工作内容为纲，先陈述工作内容，再依次叙述成绩、概括经验、发现问题、归纳教训、提出改进措施。也可以以经验教训为纲，透过纷繁的工作发现背后相似的经验教训，用经验教训、心得体会以点带面地进行写作。在运用条文式写法时，要注意点与点之间的逻辑关系，做出重点突出、详略得当。

3. 结　尾

总结的结尾根据具体的情况，可有，可无。如前文已经形成了完整了论述，可以不再专门结尾。对于重点分析成绩和经验的总结，可以酌情将今后努力方向作为结尾，也可以用简单的展望、表明态度和决心作为结尾。

（三）落款的写作

总结标题如已包含单位名称，可以在正文右下方标识成文日期作为落款。如标题中不包含单位名称，可以在正文右下方署单位名称和成文日期作为落款。

（四）总结写作的注意事项

1. 态度实事求是

人们在总结时很容易出现两种错误的态度，一种是好大喜功夸大成绩，一种是讳疾忌医回避错误，两种错误做法的本质都是不能用实事求是的态度全面客观地进行反思。总结必须实事求是，要肯定成绩和经验，将成功经验进行推广，更要正视产生的问题和教训，避免类似错误的发生。当然，在对错误和教训进行反思时要注意的是，总结不是检讨，承认错误但不停留在态度的层面，形成更为积极的、建设性的反思认识才是总结的目的。

2. 材料充足全面

充分搜集材料对于总结的写作至关重要，撰写总结前不仅要广泛收集与工作内容相关的数据、事实等现实材料，还要积累必备的理论材料，有了理论材料的积累，才能加深对基础现实材料的分析和概括能力，形成更深入的理论性认识。

3. 手法叙议结合

总结的内容既有对工作的措施和步骤、成绩和问题、效果和后果的陈述，也有对取得成绩经验和产生问题教训的反思，因此要综合使用叙述和议论的写作手法，叙议结合。在具体的总结写作中，可以先叙述后议论，就事论理，也可以先议论后叙述，以点带面。

4. 内容详略得当

总结涉及的内容比较丰富，因此在内容上必须有所侧重，不需面面俱到、事无巨细。因为总结最根本的目的是指导今后的实践，那么对于改善今后实践最为相关的内容就应该详写，反之就需要略写。所以，取得成绩的经验、产生问题的教训是需要重点写作的对象。要敢于、擅于指出现象背后的本质，形成规律性的认识，更好地发挥总结改善工作的作用。

例文简析

在全国脱贫攻坚总结表彰大会上的讲话①

（2021 年 2 月 25 日）

习近平

同志们，朋友们：

今天，我们隆重召开大会，庄严宣告，经过全党全国各族人民共同努力，在迎来中国共产党成立一百周年的重要时刻，我国脱贫攻坚战取得了全面胜利，现行标准下 9899 万农村贫困人口全部脱贫，832 个贫困县全部摘帽，12.8 万个贫困村全部出列，区域性整体贫困得到解决，完成了消除绝对贫困的艰巨任务，创造了又一个彪炳史册的人间奇迹！这是中国人民的伟大光荣，是中国共产党的伟大光荣，是中华民族的伟大光荣！

在这里，我代表党中央，向受到表彰的先进个人和先进集体，表示热烈的祝贺！向为脱贫攻坚作出贡献的各级党政军机关和企事业单位，农村广大基层组织和党员、干部、群众，驻村第一书记和工作队员、志愿者，各民主党派、工商联和无党派人士，人民团体以及社会各界，致以崇高的敬意！向积极参与和支持脱贫攻坚的香港特别行政区同胞、澳门特别行政区同胞、台湾同胞以及海外侨胞，向关心和帮助中国减贫事业的各国政府、国际组织、外国友人，表示衷心的感谢！

同志们、朋友们！

贫困是人类社会的顽疾。反贫困始终是古今中外治国安邦的一件大事。一部中国史，就是一部中华民族同贫困作斗争的历史。从屈原“长太息以掩涕兮，哀民生之多艰”的感慨，到杜甫“安得广厦千万间，大庇天下寒士俱欢颜”的憧憬，再到孙中山“家给人足，四海之内无一夫不获其所”的夙愿，都反映了中华民族对摆脱贫困、丰衣足食的深深渴望。近代以后，由于封建统治的腐朽和西方列强的入侵，中国政局动荡、战乱不已、民不聊生，贫困的梦魇更为严重地困扰着中国人民。摆脱贫困，成了中国人民孜孜以求的梦想，也是实现中华民族伟大复兴中国梦的重要内容。

① 中国人民共和国中央人民政府网站，《在全国脱贫攻坚总结表彰大会上的讲话》。http://www.gov.cn/xinwen/ 2021-02/25/content_5588869.htm

中国共产党从成立之日起，就坚持把为中国人民谋幸福、为中华民族谋复兴作为初心使命，团结带领中国人民为创造自己的美好生活进行了长期艰辛奋斗。新民主主义革命时期，党团结带领广大农民“打土豪、分田地”，实行“耕者有其田”，帮助穷苦人翻身得解放，赢得了最广大人民广泛支持和拥护，夺取了中国革命胜利，建立了新中国，为摆脱贫困创造了根本政治条件。新中国成立后，党团结带领人民完成社会主义革命，确立社会主义基本制度，推进社会主义建设，组织人民自力更生、发愤图强、重整山河，为摆脱贫困、改善人民生活打下了坚实基础。改革开放以来，党团结带领人民实施了大规模、有计划、有组织的扶贫开发，着力解放和发展社会生产力，着力保障和改善民生，取得了前所未有的伟大成就。

党的十八大以来，党中央鲜明提出，全面建成小康社会最艰巨最繁重的任务在农村特别是在贫困地区，没有农村的小康特别是没有贫困地区的小康，就没有全面建成小康社会；强调贫穷不是社会主义，如果贫困地区长期贫困，面貌长期得不到改变，群众生活水平长期得不到明显提高，那就没有体现我国社会主义制度的优越性，那也不是社会主义，必须时不我待抓好脱贫攻坚工作。2012 年年底，党的十八大召开后不久，党中央就突出强调，“小康不小康，关键看老乡，关键在贫困的老乡能不能脱贫”，承诺“决不能落下一个贫困地区、一个贫困群众”，拉开了新时代脱贫攻坚的序幕。2013 年，党中央提出精准扶贫理念，创新扶贫工作机制。2015 年，党中央召开扶贫开发工作会议，提出实现脱贫攻坚目标的总体要求，实行扶持对象、项目安排、资金使用、措施到户、因村派人、脱贫成效“六个精准”，实行发展生产、易地搬迁、生态补偿、发展教育、社会保障兜底“五个一批”，发出打赢脱贫攻坚战的总攻令。2017 年，党的十九大把精准脱贫作为三大攻坚战之一进行全面部署，锚定全面建成小康社会目标，聚力攻克深度贫困堡垒，决战决胜脱贫攻坚。2020 年，为有力应对新冠肺炎疫情和特大洪涝灾情带来的影响，党中央要求全党全国以更大的决心、更强的力度，做好“加试题”、打好收官战，信心百倍向着脱贫攻坚的最后胜利进军。

8 年来，党中央把脱贫攻坚摆在治国理政的突出位置，把脱贫攻坚作为全面建成小康社会的底线任务，组织开展了声势浩大的脱贫攻坚人民战争。党和人民披荆斩棘、栉风沐雨，发扬钉钉子精神，敢于啃硬骨头，攻克了一个又一个贫中之贫、坚中之坚，脱贫攻坚取得了重大历史性成就。

——农村贫困人口全部脱贫，为实现全面建成小康社会目标任务作出了关键性贡献。党的十八大以来，平均每年 1000 多万人脱贫，相当于一个中等国家的人口脱贫。贫困人口收入水平显著提高，全部实现“两不愁三保障”，脱贫群众不愁吃、不愁穿，义务教育、基本医疗、住房安全有保障，饮水安全也都有了保障。2000 多万贫困患者得到分类救治，曾经被病魔困扰的家庭挺起了生活的脊梁。近 2000 万贫困群众享受低保和特困救助供养，2400 多万困难和重度残疾人拿到了生活和护理补贴。110 多万贫困群众当上护林员，守护绿水青山，换来了金山银山。无论是雪域高原、戈壁沙漠，还是悬崖绝壁、大石山区，脱贫攻坚的阳光照耀到了每一个角落，无数人的命运因此而改变，无数人的梦想因此而实现，无数人的幸福因此而成就！

——脱贫地区经济社会发展大踏步赶上来，整体面貌发生历史性巨变。贫困地区发展步伐显著加快，经济实力不断增强，基础设施建设突飞猛进，社会事业长足进步，行路难、吃水难、用电难、通信难、上学难、就医难等问题得到历史性解决。义务教育阶段建档立卡贫困家庭辍学学生实现动态清零。具备条件的乡镇和建制村全部通硬化路、通客车、通邮路。新改建农村公路 110 万公里，新增铁路里程 3.5 万公里。贫困地区农网供电可靠率达到 99%，大电网覆盖范围内贫困村通动力电比例达到 100%，贫困村通光纤和 4G 比例均超过 98%。790 万户、2568 万贫困群众的危房得到改造，累计建成集中安置区 3.5 万个、安置住房 266 万套，960 多万人“挪穷窝”，摆脱了闭塞和落后，搬入了新家园。许多乡亲告别溜索桥、天堑变成了通途，告别苦咸水、喝上了清洁水，告别四面漏风的泥草屋、住上了宽敞明亮的砖瓦房。千百万贫困家庭的孩子享受到更公平的教育机会，孩子们告别了天天跋山涉水上学，实现了住学校、吃食堂。28 个人口较少民族全部整族脱贫，一些新中国成立后“一步跨千年”进入社会主义社会的“直过民族”，又实现了从贫穷落后到全面小康的第二次历史性跨越。所有深度贫困地区的最后堡垒被全部攻克。脱贫地区处处呈现山乡巨变、山河锦绣的时代画卷！

——脱贫群众精神风貌焕然一新，增添了自立自强的信心勇气。脱贫攻坚，取得了物质上的累累硕果，也取得了精神上的累累硕果。广大脱贫群众激发了奋发向上的精气神，社会主义核心价值观得到广泛传播，文明新风得到广泛弘扬，艰苦奋斗、苦干实干、用自己的双手创造幸福生活的精神在广大贫困地区蔚然成风。带领乡亲们历时 7 年在绝壁上凿出一条通向外界道路的重庆市巫山县竹贤乡下庄村党支部书记毛相林说：“山凿一尺宽一尺，路修一丈长一丈，就算我们这代人穷十年苦十年，也一定要让下辈人过上好日子。”身残志坚的云南省昆明市东川区乌龙镇坪子村芭蕉箐小组村民张顺东说：“我们虽然残疾了，但我们精神上不残，我们还有脑还有手，去想去做。”贫困群众的精神世界在脱贫攻坚中得到充实和升华，信心更坚、脑子更活、心气更足，发生了从内而外的深刻改变！

——党群干群关系明显改善，党在农村的执政基础更加牢固。各级党组织和广大共产党员坚决响应党中央号召，以热血赴使命、以行动践诺言，在脱贫攻坚这个没有硝烟的战场上呕心沥血、建功立业。广大扶贫干部舍小家为大家，同贫困群众结对子、认亲戚，常年加班加点、任劳任怨，困难面前豁得出，关键时候顶得上，把心血和汗水洒遍千山万水、千家万户。他们爬过最高的山，走过最险的路，去过最偏远的村寨，住过最穷的人家，哪里有需要，他们就战斗在哪里。有的村干部说：“只要我还干得动，我都永远为村里的老百姓做事！带上我们村的老百姓，过上更美好的生活。”“我是一个共产党员，我必须带领群众，拔掉老百姓的穷根。”基层党组织充分发挥战斗堡垒作用，在抓党建促脱贫中得到锻造，凝聚力、战斗力不断增强，基层治理能力明显提升。贫困地区广大群众听党话、感党恩、跟党走，都说“党员带头上、我们跟着干、脱贫有盼头”，“我们爱挂国旗，因为国旗最吉祥”，“吃水不忘挖井人，脱贫不忘共产党”，党群关系、干群关系得到极大巩固和发展！

——创造了减贫治理的中国样本，为全球减贫事业作出了重大贡献。摆脱贫困一直是困扰全球发展和治理的突出难题。改革开放以来，按照现行贫困标准计算，我国7.7亿农村贫困人口摆脱贫困；按照世界银行国际贫困标准，我国减贫人口占同期全球减贫人口70%以上。特别是在全球贫困状况依然严峻、一些国家贫富分化加剧的背景下，我国提前10年实现《联合国2030年可持续发展议程》减贫目标，赢得国际社会广泛赞誉。我们积极开展国际减贫合作，履行减贫国际责任，为发展中国家提供力所能及的帮助，做世界减贫事业的有力推动者。纵览古今、环顾全球，没有哪一个国家能在这么短的时间内实现几亿人脱贫，这个成绩属于中国，也属于世界，为推动构建人类命运共同体贡献了中国力量！

8年来，我先后7次主持召开中央扶贫工作座谈会，50多次调研扶贫工作，走遍14个集中连片特困地区，坚持看真贫，坚持了解真扶贫、扶真贫、脱真贫的实际情况，面对面同贫困群众聊家常、算细账，亲身感受脱贫攻坚带来的巨大变化。我在各地都看到，广大脱贫群众露出了真诚笑脸，这是对脱贫攻坚的最大肯定，是对广大党员、干部倾情付出的最高褒奖，也是对革命先辈和英烈的最好告慰。

同志们、朋友们！

时代造就英雄，伟大来自平凡。在脱贫攻坚工作中，数百万扶贫干部倾力奉献、苦干实干，同贫困群众想在一起、过在一起、干在一起，将最美的年华无私奉献给了脱贫事业，涌现出许多感人肺腑的先进事迹。35年坚守太行山的“新愚公”李保国，献身教育扶贫、点燃大山女孩希望的张桂梅，用实干兑现“水过不去、拿命来铺”誓言的黄大发，回乡奉献、谱写新时代青春之歌的黄文秀，扎根脱贫一线、鞠躬尽瘁的黄诗燕等同志，以及这次受到表彰的先进个人和先进集体，就是他们中的杰出代表。他们有的说：“脱贫攻坚路上有千千万万的人，我真的就是其中一个小小的石子。其实走到最后，走到今天，虽然有苦，还是甜多。”有的说：“不为钱来，不为利往，农民才能信你，才能听你。”有的说：“把论文写在大地上，真正来地里面写，那才叫真本事。”

在脱贫攻坚斗争中，1800多名同志将生命定格在了脱贫攻坚征程上，生动诠释了共产党人的初心使命。脱贫攻坚殉职人员的付出和贡献彪炳史册，党和人民不会忘记！共和国不会忘记！各级党委和政府要关心关爱每一位牺牲者亲属，大力宣传脱贫攻坚英模的感人事迹和崇高精神，激励广大干部群众为全面建设社会主义现代化国家、实现第二个百年奋斗目标而披坚执锐、勇立新功。

同志们、朋友们！

脱贫攻坚取得举世瞩目的成就，靠的是党的坚强领导，靠的是中华民族自力更生、艰苦奋斗的精神品质，靠的是新中国成立以来特别是改革开放以来积累的坚实物质基础，靠的是一任接着一任干的坚守执着，靠的是全党全国各族人民的团结奋斗。我们立足我国国情，把握减贫规律，出台一系列超常规政策举措，构建了一整套行之有效的政策体系、工作体系、制度体系，走出了一条中国特色减贫道路，形成了中国特色反贫困理论。

——坚持党的领导，为脱贫攻坚提供坚强政治和组织保证。我们坚持党中央对脱贫攻坚的集中统一领导，把脱贫攻坚纳入“五位一体”总体布局、“四个全面”战略布局，统筹谋划，强力推进。我们强化中央统筹、省负总责、市县抓落实的工作机制，构建五级书记抓扶贫、全党动员促攻坚的局面。我们执行脱贫攻坚一把手负责制，中西部22个省份党政主要负责同志向中央签署脱贫攻坚责任书、立下“军令状”，脱贫攻坚期内保持贫困县党政正职稳定。我们抓好以村党组织为核心的村级组织配套建设，把基层党组织建设成为带领群众脱贫致富的坚强战斗堡垒。我们集中精锐力量投向脱贫攻坚主战场，全国累计选派25.5万个驻村工作队、300多万名第一书记和驻村干部，同近200万名乡镇干部和数百万村干部一道奋战在扶贫一线，鲜红的党旗始终在脱贫攻坚主战场上高高飘扬。

事实充分证明，中国共产党具有无比坚强的领导力、组织力、执行力，是团结带领人民攻坚克难、开拓前进最可靠的领导力量。只要我们始终不渝坚持党的领导，就一定能够战胜前进道路上的任何艰难险阻，不断满足人民对美好生活的向往！

——坚持以人民为中心的发展思想，坚定不移走共同富裕道路。“治国之道，富民为始。”我们始终坚定人民立场，强调消除贫困、改善民生、实现共同富裕是社会主义的本质要求，是我们党坚持全心全意为人民服务根本宗旨的重要体现，是党和政府的重大责任。我们把群众满意度作为衡量脱贫成效的重要尺度，集中力量解决贫困群众基本民生需求。我们发挥政府投入的主体和主导作用，宁肯少上几个大项目，也优先保障脱贫攻坚资金投入。8年来，中央、省、市县财政专项扶贫资金累计投入近1.6万亿元，其中中央财政累计投入6601亿元。打响脱贫攻坚战以来，土地增减挂指标跨省域调剂和省域内流转资金4400多亿元，扶贫小额信贷累计发放7100多亿元，扶贫再贷款累计发放6688亿元，金融精准扶贫贷款发放9.2万亿元，东部9省市共向扶贫协作地区投入财政援助和社会帮扶资金1005亿多元，东部地区企业赴扶贫协作地区累计投资1万多亿元，等等。我们统筹整合使用财政涉农资金，强化扶贫资金监管，确保把钱用到刀刃上。真金白银的投入，为打赢脱贫攻坚战提供了强大资金保障。

事实充分证明，做好党和国家各项工作，必须把实现好、维护好、发展好最广大人民根本利益作为一切工作的出发点和落脚点，更加自觉地使改革发展成果更多更公平惠及全体人民。只要我们始终坚持以人民为中心的发展思想，一件事情接着一件事情办，一年接着一年干，就一定能够不断推动全体人民共同富裕取得更为明显的实质性进展！

——坚持发挥我国社会主义制度能够集中力量办大事的政治优势，形成脱贫攻坚的共同意志、共同行动。我们广泛动员全党全国各族人民以及社会各方面力量共同向贫困宣战，举国同心，合力攻坚，党政军民学劲往一处使，东西南北中拧成一股绳。我们强化东西部扶贫协作，推动省市县各层面结对帮扶，促进人才、资金、技术向贫困地区流动。我们组织开展定点扶贫，中央和国家机关各部门、民主党派、人民团体、国有企业和人民军队等都积极行动，所有的国家扶贫开发工作重点县都有帮扶单位。各行各业发挥专业优势，开展产业扶贫、科技扶贫、教育扶贫、文化扶贫、健康扶贫、消费扶贫。民营企业、社会组织和公民个人热情参与，“万企帮万村”行动蓬勃开展。

我们构建专项扶贫、行业扶贫、社会扶贫互为补充的大扶贫格局，形成跨地区、跨部门、跨单位、全社会共同参与的社会扶贫体系。千千万万的扶贫善举彰显了社会大爱，汇聚起排山倒海的磅礴力量。

事实充分证明，中国共产党领导和我国社会主义制度是抵御风险挑战、聚力攻坚克难的根本保证。只要我们坚持党的领导、坚定走中国特色社会主义道路，就一定能够办成更多像脱贫攻坚这样的大事难事，不断从胜利走向新的胜利！

——坚持精准扶贫方略，用发展的办法消除贫困根源。我们始终强调，脱贫攻坚，贵在精准，重在精准。我们坚持对扶贫对象实行精细化管理、对扶贫资源实行精确化配置、对扶贫对象实行精准化扶持，建立了全国建档立卡信息系统，确保扶贫资源真正用在扶贫对象上、真正用在贫困地区。围绕扶持谁、谁来扶、怎么扶、如何退等问题，我们打出了一套政策组合拳，因村因户因人施策，因贫困原因施策，因贫困类型施策，对症下药、精准滴灌、靶向治疗，真正发挥拔穷根的作用。我们要求下足绣花功夫，扶贫扶到点上、扶到根上、扶到家庭，防止平均数掩盖大多数。我们坚持开发式扶贫方针，坚持把发展作为解决贫困的根本途径，改善发展条件，增强发展能力，实现由“输血式”扶贫向“造血式”帮扶转变，让发展成为消除贫困最有效的办法、创造幸福生活最稳定的途径。我们紧紧扭住教育这个脱贫致富的根本之策，强调再穷不能穷教育、再穷不能穷孩子，不让孩子输在起跑线上，努力让每个孩子都有人生出彩的机会，尽力阻断贫困代际传递。

事实充分证明，精准扶贫是打赢脱贫攻坚战的制胜法宝，开发式扶贫方针是中国特色减贫道路的鲜明特征。只要我们坚持精准的科学方法、落实精准的工作要求，坚持用发展的办法解决发展不平衡不充分问题，就一定能够为经济社会发展和民生改善提供科学路径和持久动力！

——坚持调动广大贫困群众积极性、主动性、创造性，激发脱贫内生动力。“志之难也，不在胜人，在自胜。”脱贫必须摆脱思想意识上的贫困。我们注重把人民群众对美好生活的向往转化成脱贫攻坚的强大动能，实行扶贫和扶志扶智相结合，既富口袋也富脑袋，引导贫困群众依靠勤劳双手和顽强意志摆脱贫困、改变命运。我们引导贫困群众树立“宁愿苦干、不愿苦熬”的观念，鼓足“只要有信心，黄土变成金”的干劲，增强“弱鸟先飞、滴水穿石”的韧性，让他们心热起来、行动起来。脱贫群众说：“现在国家政策好了，只要我们不等待、不观望，发扬‘让我来’的精神，一定能过上好日子。”“生活改变了我，我也改变了生活。”

事实充分证明，人民是真正的英雄，激励人民群众自力更生、艰苦奋斗的内生动力，对人民群众创造自己的美好生活至关重要。只要我们始终坚持为了人民、依靠人民，尊重人民群众主体地位和首创精神，把人民群众中蕴藏着的智慧和力量充分激发出来，就一定能够不断创造出更多令人刮目相看的人间奇迹！

——坚持弘扬和衷共济、团结互助美德，营造全社会扶危济困的浓厚氛围。我们推动全社会践行社会主义核心价值观，传承中华民族守望相助、和衷共济、扶贫济困的传统美德，引导社会各界关爱贫困群众、关心减贫事业、投身脱贫行动。我们完善社会动员机制，搭建社会参与平台，创新社会帮扶方式，形成了人人愿为、人人可为、人人能为的社会帮扶格局。

事实充分证明，社会主义核心价值观、中华优秀传统文化是凝聚人心、汇聚民力的强大力量。只要我们坚定道德追求，不断激发全社会向上向善的正能量，就一定能够为中华民族乘风破浪、阔步前行提供不竭的精神力量！

——坚持求真务实、较真碰硬，做到真扶贫、扶真贫、脱真贫。我们把全面从严治党要求贯穿脱贫攻坚全过程和各环节，拿出抓铁有痕、踏石留印的劲头，把脱贫攻坚一抓到底。我们突出实的导向、严的规矩，不搞花拳绣腿，不搞繁文缛节，不做表面文章，坚决反对大而化之、撒胡椒面，坚决反对搞不符合实际的“面子工程”，坚决反对形式主义、官僚主义，把一切工作都落实到为贫困群众解决实际问题上。我们实行最严格的考核评估，开展扶贫领域腐败和作风问题专项治理，建立全方位监督体系，真正让脱贫成效经得起历史和人民检验。

事实充分证明，一分部署，九分落实，真抓实干、埋头苦干保证了脱贫攻坚战打得赢、打得好。只要我们坚持实干兴邦、实干惠民，就一定能够把全面建设社会主义现代化国家的宏伟蓝图一步步变成现实！

这些重要经验和认识，是我国脱贫攻坚的理论结晶，是马克思主义反贫困理论中国化最新成果，必须长期坚持并不断发展。

同志们、朋友们！

伟大事业孕育伟大精神，伟大精神引领伟大事业。脱贫攻坚伟大斗争，锻造形成了“上下同心、尽锐出战、精准务实、开拓创新、攻坚克难、不负人民”的脱贫攻坚精神。脱贫攻坚精神，是中国共产党性质宗旨、中国人民意志品质、中华民族精神的生动写照，是爱国主义、集体主义、社会主义思想的集中体现，是中国精神、中国价值、中国力量的充分彰显，赓续传承了伟大民族精神和时代精神。全党全国全社会都要大力弘扬脱贫攻坚精神，团结一心，英勇奋斗，坚决战胜前进道路上的一切困难和风险，不断夺取坚持和发展中国特色社会主义新的更大的胜利！

同志们、朋友们！

脱贫攻坚战的全面胜利，标志着我们党在团结带领人民创造美好生活、实现共同富裕的道路上迈出了坚实的一大步。同时，脱贫摘帽不是终点，而是新生活、新奋斗的起点。解决发展不平衡不充分问题、缩小城乡区域发展差距、实现人的全面发展和全体人民共同富裕仍然任重道远。我们没有任何理由骄傲自满、松劲歇脚，必须乘势而上、再接再厉、接续奋斗。

“胜非其难也，持之者其难也。”我们要切实做好巩固拓展脱贫攻坚成果同乡村振兴有效衔接各项工作，让脱贫基础更加稳固、成效更可持续。对易返贫致贫人口要加强监测，做到早发现、早干预、早帮扶。对脱贫地区产业要长期培育和支持，促进内生可持续发展。对易地扶贫搬迁群众要搞好后续扶持，多渠道促进就业，强化社会管理，促进社会融入。对脱贫县要扶上马送一程，设立过渡期，保持主要帮扶政策总体稳定。要坚持和完善驻村第一书记和工作队、东西部协作、对口支援、社会帮扶等制度，并根据形势和任务变化进行完善。党中央决定，适时组织开展巩固脱贫成果后评估工作，压紧压实各级党委和政府巩固脱贫攻坚成果责任，坚决守住不发生规模性返贫的底线。

乡村振兴是实现中华民族伟大复兴的一项重大任务。要围绕立足新发展阶段、贯彻新发展理念、构建新发展格局带来的新形势、提出的新要求，坚持把解决好“三农”问题作为全党工作重中之重，坚持农业农村优先发展，走中国特色社会主义乡村振兴道路，持续缩小城乡区域发展差距，让低收入人口和欠发达地区共享发展成果，在现代化进程中不掉队、赶上来。全面实施乡村振兴战略的深度、广度、难度都不亚于脱贫攻坚，要完善政策体系、工作体系、制度体系，以更有力的举措、汇聚更强大的力量，加快农业农村现代化步伐，促进农业高质高效、乡村宜居宜业、农民富裕富足。

在全面建设社会主义现代化国家新征程中，我们必须把促进全体人民共同富裕摆在更加重要的位置，脚踏实地、久久为功，向着这个目标更加积极有为地进行努力，促进人的全面发展和社会全面进步，让广大人民群众获得感、幸福感、安全感更加充实、更有保障、更可持续。

同志们、朋友们！

回首过去，我们在解决困扰中华民族几千年的绝对贫困问题上取得了伟大历史性成就，创造了人类减贫史上的奇迹。展望未来，我们正在为全面建设社会主义现代化国家的历史宏愿而奋斗。征途漫漫，惟有奋斗。全党全国各族人民要更加紧密地团结在党中央周围，坚定信心决心，以永不懈怠的精神状态、一往无前的奋斗姿态，真抓实干、埋头苦干，向着实现第二个百年奋斗目标奋勇前进！

【简析】

这是习近平总书记于2021年2月25在全国脱贫攻坚总结表彰大会上发表的讲话。虽题目是一份讲话，但其性质实则是对全国脱贫攻坚工作的总结。

开头部分高度凝练地概述了脱贫攻坚工作的成果，并对做出先进事迹的集体和人表示祝贺和感谢。

正文部分依次包括：一、脱贫攻坚工作的重要性；二、脱贫攻坚工作取得的成就；三、脱贫攻坚工作取得胜利的经验和认识。三个部分之间形成紧密的逻辑关系。

在每一部分的写作里，又按照递进的关系层层展开。

在第一部分“脱贫攻坚工作的重要性”里，依次从三个方面展开论述，分别是：贫困是人类社会的顽疾；脱贫攻坚工作是中国共产党为人们谋幸福、为民族谋复兴的体现；脱贫攻坚工作是全面建成小康社会的任务。在第二部分“脱贫攻坚工作取得的成就”中，又依次从四个方面展开论述：一是农村贫困人口全部脱贫，二是贫困地区经济实力得到大幅提升，三是脱贫群众精神面貌焕然一新，四是为全球减贫事业做出重大贡献。在最能体现总结作用的第三部分“脱贫攻坚工作取得瞩目成就的经验和认识”里，先提出总体的经验和认识“党的领导为脱贫攻坚提供坚强政治和组织保证”，又在每个分论点里依次从“经验”和“认识”两部分展开论述，用“事实充分证明”引出经验，在次段通过深化的方式写出对经验的认识。

结尾高度肯定了脱贫攻坚工作取得的成绩、经验和展现的精神，同时指出“脱贫摘帽不是终点，而是新生活、新奋斗的起点”，提醒接下来的工作是“切实做好巩固拓展脱贫攻坚成果同乡村振兴有效衔接各项工作”。

全文主题非常清晰，逻辑极其严密，部分与部分、层次与层次、段落与段落之间衔接极其紧密，高度符合总结的写作特征，是总结的典范之作。

第四节　调查报告

【学习目标】

1. 识记调查报告的含义和特点
2. 理解调查报告的内容要素
3. 掌握调查报告的写作

一、调查报告的认知

调查报告是指对某一情况、事件、经验或问题进行深入细致的调查研究后写成的书面报告。

调查报告包括调查与报告两个部分，调查应该深入实际，准确地反映客观事实。报告应在调查的基础上，用结论性的语句直接地呈现调查结果。

调查报告的核心是将调查研究的结果，客观、真实、及时地反映出来，寻找规律、揭示本质、总结经验教训。因此调查报告是党政机关、企事业单位、社会团体掌握和研究某种现象，制定方针政策、措施的重要依据。

调查报告具有客观性、针对性、时效性、叙述性。

客观性。调查报告的基础是用事实说话，材料的真实性和准确性是首要条件，作者撰写时的客观态度是必要条件。调查报告的内容不能夸大，不能缩小，更不能弄虚作假，歪曲事实，只有客观真实地反映被调查对象情况，实事求是地分析评价调查内容，进而得出符合客观实际的结论，才能发挥调查报告应有的作用。

针对性。调查报告的针对性是指，调查问题来源于特定的现实，调查要服务于特定的目的，因此整个调查必须围绕特定的问题、针对特定的对象、在特定的时间内完成。

时效性。调查报告的作用是了解新情况、揭示新问题、表达新思想，这决定了调查报告应具有时效性，只有在一定时间范围内完成，才能发挥其最大的社会效益。时过境迁，反映的内容成为历史，调查报告就失去了作用。

叙述性。调查报告必须对大量材料进行综合分析，这就决定了调查报告的主要内容是叙述事实，说明情况，在此基础上进行必要的分析综合。因此调查报告在表达方式上要以叙述为主，同时辅以必要的议论。

按照调查内容性质的不同，可将调查报告分为：总结经验的调查报告、反映情况的调查报告、揭示问题的调查报告。

总结经验的调查报告是用来系统反映先进地区、先进单位或先进个人的典型经验，并将其加以介绍、推广，用来指导和推动这一类工作。总结经验的调查报告需要明确开展工作的具体做法和实际效果。

反映情况调查报告是用来系统反映某一地区、某一单位、某一问题或某项工作的基本情况，为上级决策提供客观资料和事实依据。所反映情况包括地区发展情况、工作开展情况、社会生活情况等。

揭示问题调查报告是用来针对某一问题进行专项调查，澄清事实真相，分析问题的原因及性质，确定带来的风险及危害，并提出解决问题的思路和途径，为问题的处理提供依据。同时引起人们的重视，汲取教训，推进工作。

二、调查报告的写作

调查报告通常由标题、正文两个部分组成。

（一）标题的写作

调查报告的标题可以采用三种形式：公文式标题、文章式标题，双标题。公文式标题的优势是鲜明醒目，文章式标题的优势是特色突出，双标题可以综合公文式标题和文章式标题两者的长处。

公文式标题，常用于说明调查内容的范围，可由“调查对象+调查内容+调查报告”构成。如：

关于××厂发生重大火灾事故的调查报告

文章式标题，既可说明内容范围，又可用于揭示文章中心。如：

××街道齐抓共管、综合治理社会治安取得成效

使用双标题时，主标题通常采用文章式标题写法说明中心，揭示主旨，副标题则采用公文式标题写法由“调查对象+调查事由+调查报告”组成，如：

加强党的支部建设，狠抓思想政治工作

——××学院加强支部建设的调查报告

（二）正文的写作

调查报告的正文通常由开头、主体、结尾三部分构成。

1. 开　头

调查报告的开头又称导语、引言、前言，主要介绍调查的基本情况并提出问题。

通常有以下几种类型：

交代式开头。即把调查工作本身情况进行概括，如对调查的背景和原因、调查的对象和方法，调查的目的和意义等加以说明，为调查的正文做好铺垫、扫清障碍。

提要式开头。即把调查对象主要情况进行概括，如组织规模与沿革、有关背景材料、历史与现实状况等，力求紧扣文章中心，使读者入篇即对调查对象有所了解。

结论式开头。即把调查问题的主要结论进行概括，开门见山说明调查结论，便于读者先形成一个相对直观的了解和把握。

2. 主　体

调查报告的主体主要包括：对调查内容的具体叙述，对事例、数据的恰当议论分析，对经验、规律的概括总结。主体的写作通常以叙述为主，叙议结合，主要有串联式、并列式、递进式三种展开形式。

串联式是指用观点串联材料，以基本观点为中心、将能印证观点的不同方面的调查结果串联起来。

并列式是指根据材料的不同性质，将它们梳理成几种类型，每一个类型的材料集中在一起进行表达，形成一个层次，每个层次观点鲜明，中心突出，适用于课题比较单一，材料比较分散的调查报告。

递进式指按调查事件发生、发展的先后顺序，从头至尾加以阐明，按照时间顺序安排结构，适用于事件单一、过程性强的调查报告。

3. 结　尾

调查报告的结尾是对主体部分内容的概括和升华，常见的写法有四种：概括式结尾、建议式结尾、启发式结尾、综合式结尾。

概括式结尾是将全文归结到一个思想的立足点上，深化调查报告的主题，使读者有更深刻完整、清醒理性的认识。

建议式结尾是揭示有关问题之后，对解决问题提供一些可行的建议，向读者表达某种期望，发出某种呼吁。

启发式结尾适用于揭示新情况、反映新事物的调查报告，结尾可以指出问题，引起有关方面的注意，启发人们对这一问题的思考。

综合式结尾可以是对前面三种结尾的综合采用，在结尾运用多种表达方式，如叙述、议论、提问、小结等，概括较为丰富的思想。

（三）调查报告写作的注意事项

1. 深入实际，占有材料

调查报告是对客观事实进行调查分析后得出的结论，因此深入调查是写好调查报告的基础和前提。深入调查需要根据实际情况和实际存在的问题出发，尽可能多地搜集材料，占有材料，然后精心研究认真分析、抓住关键提炼主旨、围绕中心合理布局。

2. 尊重事实，客观分析

全面、具体、深入地了解调查对象，要实事求是，不以偏概全。全面掌握有关材料，并在此基础上进行科学的分析，归纳总结，从中发现带有规律性的、具有普遍指导意义的结论。

3. 围绕中心，立意正确

将搜集的资料围绕中心进行整理、归类，去伪存真，去粗取精。并在此基础上分析研究，抽象出有价值的观点，揭示出事物的内在规律，给问题定性。定性时要做到立意正确，要抓主要矛盾，围绕主要矛盾把材料归类整理，使材料为论点服务。

4.写法要活，表达多样

调查报告的表达内容丰富具体，可以是点面相结合，既要有一般情况，又要有典型事例，以点带面，点面结合，既有广度又有深度。调查报告的表达方式灵活多样，可以叙述议论相结合，充分叙述事实情况，科学分析观点看法，有叙有议，纵横交错。

例文简析

【例文——调查报告】

当代大学生社会心态调查报告①

“中国大学生社会心态研究”课题组

根据2019年教育部公布的最新数据，目前在校大学生共有约3833万人，且呈现出逐年增长的趋势。对大学生社会心态的理解有助于我们把握当代中国社会思想观念的现状，也是我们理解未来中国社会思想观念变迁的关键。复旦大学社会治理研究中心与上海开放大学信息安全与社会管理创新实验室联合开展了中国大学生社会心态调查，调查于2015年、2017年进行了两次，采用“地区——大学——学生”三阶段随机抽样的方式，从覆盖中国内地七大地域、不同学校层次的中国高校中分别抽取了6351名和6759名在校大学生，采用问卷调查的方法，历时近三年，收集了一份跟踪调查数据，力图立体地呈现当前以“90后”为主体的大学生群体的整体心态和价值观念。为了较为全面地揭示当代大学生的社会心态，问卷设计了与青年人思想状况紧密相关的对国家发展与对外关系的态度、对社会生活与经济发展的态度、公共态度与公共讨论、社会认知、社会评价、科学与信仰、对港台地区的态度、对争议性社会议题的态度等

① “中国大学生社会心态研究”课题组.当代大学生社会心态调查报告[J].文化纵横，2019（06），第12-24+142页。

板块，含有200多个指标。研究团队对部分相关指标进行了统计分析，并在上述统计分析的基础上进行问题归纳与提炼。

一、大学生社会心态的整体图景

从调查结果来看，当代大学生的思想价值观可以用五个关键词语来概括："信心""认同""个体""物质为基础的精神追求"及"网络原住民"。

（一）信心

解读当代大学生社会心态的第一个关键词语是"信心"。这种信心分为三个方面：

第一个方面是对个人的未来充满信心。72.1%的被访者认为自己的未来充满希望，确信未来会朝好的方向发展，仅有4.9%的被访者对未来的发展趋势持悲观态度。60.5%的被访者预期未来会有令自己满意的经济收入，仅有 6.5%的被访者对未来收入预期悲观。

第二个方面是对社会给予个人的机会充满信心。57.7%的被访者认为社会环境为自己实现梦想提供了良好的条件，仅有9.5%的被访者对此表示悲观。

第三个方面是对中国充满信心。超过八成的大学生对于中国未来的经济和政治走势表示乐观，超过七成的大学生认为未来中国政治社会变迁会仍然遵循和缓渐变的轨迹，超六成大学生对当前社会的分配体制、竞争机制和运行机制持正面态度。

这种信心，是我们这个时代的青年人所具有的一种特质。它既是时代的产物，同时也标识着时代和改变着时代。它既是青年人对自我美好生活的憧憬，也是青年人对国富民强的外部发展平台的信心。

（二）认同

解读当代大学生社会心态的第二个关键词语是"认同"。大学生理想社会的蓝图呈现一定的秩序偏好，国家整体认同度高，对中国的发展道路有较强认可。在微观层面上，大学生也相对认同校园内的党团组织与思想政治教育。

当代大学生对理想社会表现出更加务实的社会追求，更强调社会的稳定、文明、安全等特征。大学生理想社会的前三位特征依次是稳定（16.1%）、文明（15.9%）和安全（10.7%），选择自由（7.4%）和民主（6.1%）作为社会理想的大学生占比相对较小，可见稳定、安全等秩序要素仍然是当前大学生社会理想的首选偏好。

被访者也对中央政府、传统文化、革命传统以及国家的作用抱有非常正面的态度。69.8%的大学生表达出对中央政府的信任，与之相对，仅有 6.2%的大学生对中央政府缺乏足够信任。同时，90.3%的大学生认为应该弘扬传统文化，78.1%的大学生认为应该弘扬革命传统，71.3%的大学生认为遵循政府的政策对国家的发展很重要，82.5%的大学生认为中国繁荣会带来人民生活水平的提高。此外，值得一提的是，59.9%的大学生认为，在处理外交事务中，中国政府应该采取更加强硬的态度。

大学生对于中国目前的政治、经济、历史均持较高认同的态度。认可"改革开放是今日中国繁荣昌盛的根本原因"的被访者占全体比例的 50.8%，将近七成的被访者对于历史的看法与历史教科书基本一致。从文化方面来看，大学生印象最深的电视剧中，不同于前几年的美剧潮、韩剧潮，国产剧比例高达 80%，《亮剑》《人民的名义》

《西游记》《琅琊榜》等均居于前列，这从侧面反映出大学生对中国的文化产品有着一定的认可度。

（三）个体

解读当代大学生社会心态的第三个关键词语是“个体”。个体化意识、“为自己而活”成为部分当代大学生界定自己与社会关系的出发点。他们思考问题常以个人兴趣和自我需要为驱动力，以个人利益和个人发展为取向，并且坚信个人努力与个人发展息息相关。

大学生对个人的奋斗推崇备至，认为在成功的道路上个人的努力至关重要。85.1%的被访者认为个人的成就大部分是靠努力争取的，仅有 7.2%的被访者反对这一观点；80%的被访者认为个人的成就大部分是靠把握机会，仅有 6.5%的被访者反对这一观点；76.5%的被访者认为努力工作通常能够带来更好的生活，仅有 4.8%的被访者反对这一观点。

总体而言，当代大学生的生存状态更加个体化，思维方式更具个体主义精神，思考问题常以自我需要为中心、以个人发展和自我价值实现为目标。一方面，这种个体化是技术进步与社会分工带来的，“90 后”开始将自己的衣食住行全部“搬”到网上，这使得他们不再需要依赖于与他人的沟通和合作也可以满足自己的生活需求；另一方面，这种个体化也来源于对个人与社会关系的理解变化，“90 后”逐渐从社群规范中脱嵌出来，更多强调独立的个体生活的价值。

（四）物质为基础的精神追求

解读当代大学生社会心态的第四个关键词语是“物质为基础的精神追求”。作为在相对富裕的物质条件下成长起来的“丰裕一代”，当代大学生既看重物质又轻视物质，一定的物质条件被视为必不可少的生活基础，且在物质需求逐步得到满足的同时表现出更高的精神追求，“物为我用”的思维取代了“我为物用”的思维。此外，务虚的“非物质成就观”在大学生的观念体系中崛起，呈现出向后物质主义转型的特征。

调查显示，大学生以金钱、权力为价值追求的比例仅为 7.2%，而以成就感、美好家庭和社会地位为价值追求的比例高达 50.7%。可见，与传统观念中追求金钱、权力等的人生观不同，当代大学生将奋斗的目标更多地聚焦于自身价值的实现，对于成功人生的理解明显从外在的、物质的转向了内在的、体验式的。

当代大学生的价值观呈现出向越来越不注重经济取向的“后物质主义转型”的特征。问卷中设计了一个公认的测量后物质主义的指标。根据这一指标，调查显示，当代大学生的价值观以混合型为主（62.7%），其次为后物质主义者（18.7%）、物质主义者（15.5%）。这说明在物质充裕年代成长起来的大学生越来越不注重以经济为取向的物质价值，后物质主义价值观已经在大学生群体中逐渐普及开来。而后物质主义者最重要的特征就是明显增强了自我表达和自我价值的实现。改革开放以来的物质积累使“90 后”大学生不再需要为基本的物质保障投入太多的个人精力，也正是这些坚实的物质基础，让他们在精神追求、自我释放、个性张扬等方面的探索具有可行性。

（五）网络原住民

解读当代大学生社会心态的第五个关键词语是“网络原住民”。当代大学生是与互联网共同成长起来的一代人，如果说对于前几代人而言互联网是一个信息平台的话，那么对于“90后”而言互联网就是他们的生活方式。互联网影响并塑造了他们的思想观念、认知模式和行为方式。

互联网对大学生具有无比重要的意义。与报纸、电视、广播及其他信息渠道相比，互联网作为大学生主要信息渠道所占的比例高得惊人，约91.5%的大学生最近一年最主要的信息来源是互联网，报纸占0.8%，电视占4.6%，广播占2.4%。

大学生网络政治参与总体水平较低。调查显示，“从没有”或“很少”在互联网上参与讨论政治、政策事务的大学生占全体的72.1%，而“经常”参与的大学生仅3.4%；“从没有”或“很少”在社交媒体上转发政治性内容的占全体的69.2%；“从没有”或“很少”在社交媒体上表达政治观点的占75.7%；“从没有”或“很少”在互联网上就争议性事务、群体性事件、网络抗议发表观点的占68.4%；“从没有”或“很少”参加在线请愿或公共议题投票的占73.4%。

有意思的是，大学生对网络安全、隐私保护与网络自由却非常重视。75.3%的被访者非常关注个人网络信息安全问题；80.5%的被访者非常关注个人隐私信息（通讯录、照片等）的安全；54.1%被访者反对为了互联网使用的便利而泄露个人信息，仅有24.9%的被访者认为为了便利可以接受个人信息的泄露，72.2%的被访者反对通过雇用网络水军等方式来影响互联网舆论。

当代大学生所体现出来的上述社会心态，与主流价值观之间可能发生什么样的相互作用？对于这些问题，从调查结果来看，我们认为：一方面，大学生的社会心态与主流价值观之间存在着耦合关系，其可能带来的客观后果是与主流价值观的最终取向不谋而合，在部分领域甚至有所过之；另一方面，大学生的社会心态有其特点与自身的规律，与主流价值观之间也存在着张力。

二、大学生社会心态与主流价值观的耦合关系

无论是当代大学生所体现出来的自信心与自豪感，还是强烈的认同感，都与稳定、秩序、国家、民族、中国道路的选择紧密相连，特别是大学生的国家认同与族群认同，都达到了一个很高的高度。

大学生社会心态与主流价值观最为关键的耦合点，就在于大学生身上所体现出来的对国家和现有秩序的支持。在这个意义上来说，目前中国内地的大学生群体不太可能在较大范围采取影响社会稳定的行动。大学生作为未来社会的中流砥柱，对国家整体高度认同，对社会感知“未来可期”，对生活感知保持着一种整体良性互动的自我调适心理。经过历练，他们能扛起国家和社会赋予的重任。

首先，在前文中提到当代大学生对中国的政治、经济、文化、历史整体评价较好，大多数学生对中国的未来充满信心，这表现了大学生对国家与民族的高度认同。（略）

其次，大学生总体认为个人发展与社会前景“未来可期”，表现出较强的发展效能感。（略）

再次，大学生对社会的感知趋向正面，总体表现出偏高的社会公平感、普遍的社会安全感与较高的社会信任感。(略)

最后，作为充分享受着中国经济高速发展福利的一代，当代大学生表现出一种特殊的调适机制。(略)

三、大学生社会心态与主流价值观之间的张力

大学生社会心态与主流价值观之间的张力，更有可能来自目前大学生所表现出来的“个体”与“物质为基础的精神追求”两类特质。

个体特质强调的是个人价值与小众化，这与主流价值观所具有的外部客观性和内在统一性并不完全兼容。第一，大学生思想尽管具有与主流价值观不谋而合的一面，但更多是从个体的视角出发、从自身经历与体验出发看待世界，并不是外在的客观价值体系灌输或熏陶的结果。个体观察世界的体验最终还得以自身为准绳来得到确认，无法由一个外在的权威做出强行判断。第二，个体化意味着保留个人自身的特质，拥有自己独特的想法，这种对个人独特性的肯定既是针对自己的，也是针对他人的。由此延伸而来的必然是多元性、包容性与开放性，很难与一种统一的价值观体系完全协调。

物质为基础的精神追求具有两个方面的要求：一是需要有基本的物质条件，二是强调自由的、超脱性的精神体验。这与大学生作为“丰裕一代”的青年群体成长背景有关：他们是在“温室”中长大的一代，物质条件相对丰富，生活有保障，不用过分为外物而委屈自己；他们考虑问题与行动抉择不需要从生存与生活压力出发，而可以从个人兴趣和发展出发。但是，这种物质为基础的精神追求也可能产生两个方面的问题：第一，对自由的、超脱性的精神体验的追求可能导致他们过分强调自身的兴趣与发展，而与外部环境对他们的要求、社会希望他们承担的责任有一定脱节。第二，他们无法离开一定水准的物质生活条件，遇到艰难环境有可能热情有余而耐力不足。他们自然而然地享受着物质丰富所带来的种种优势，所经历的挫折多在学业与家庭方面，而对于战争年代的舍生忘死、新中国成立初期的创业艰难、改革开放时代的敢为天下先等都无法感同身受，在培养吃苦耐劳、顽强、坚韧、百折不挠的品质和作风上还有提升空间。

(略)

四、主流价值观体系建构需要处理的三对核心关系

透视当代大学生社会心态重要特征及其与主流价值观的关系，我们会发现，有三对核心关系需要在建构主流价值观体系的过程中进行处理。这三对核心关系既是思想教育方面的实践性问题，也是学术性的理论问题，值得仔细探讨。

第一对关系是认同与开放的关系问题。在建构有效的主流价值观体系来整合、统率和引导青年价值观时，需要注意保持青年群体价值观体系的开放性与发展性。社会具有一定的建构性质，在特定条件下、特定领域中，观念可能建构现实：一方面，单个的行动者在思想观念的作用下做出具体选择与行动，逐步建构出符合自己目标的客观世界；另一方面，存在于不同行动者之间具有共识性的一致认知可能会在认知的作

用下而成为客观社会事实本身。这样，过于强烈的内部认同、过于封闭的内外隔绝意识，在现实中可能造成不同族群裂痕的加剧，最终建构出真实的分化与隔阂，彼此隔膜的不同社会与文化共同体由此产生。相反，具有一定弹性和开放性、包容性的价值观体系，反而最终可能带来社会的整合。

第二对关系是个人与社会的关系。主流价值观体系建构与传播的过程，应该是一个使个人与社会、个体与集体各自在主流价值观体系中找到合适的位置，并和谐共处、相辅相成的过程。中国40年来的转型与变迁，在社会领域的一个关键后果是个人逐渐从共同体中脱嵌开来，这种脱嵌既是社会结构层面，也是思想层面与行为层面的。作为对过去中心主导型的经济社会结构以及过分强调集体主义意识形态的异变，青年群体个人意识的觉醒实质上是改革开放的积极成果。但是，这种个人意识如果被过分放大，不免会出现一些问题。我们需要考虑如何培育、发展出一种不至于沦为彻底的个人主义，且与社会整体发展融为一体的个体意识。我们既需要对个体意识和个体价值给予充分的尊重，同时也需要建构更加有效的主流价值观体系来整合、统率和引导青年价值观。这个主流价值观体系在强调核心价值的主导作用的同时，也应尽力尊重与保障个体的多元化追求，并由此形成具有共识性与引领性的开放价值体系。

第三对关系是精神追求与物质基础之间的关系。超越性的精神追求并非附属于物质，但在大多数时候却是以物质为基础的。青年人得以肆意放飞兴趣、尽显个性，是因为他们的父辈为这些精神追求奠定了丰厚的物质基础。但是，中国社会实际上是一个家底还不够丰厚的社会，任何物质条件人均下来就变得单薄；中国社会也是一个经济资源分布还不均衡的社会，任何经济资源从特定群体与特定地区来看都会显得匮乏。对于“90后”“00后”来说，中国的物质基础还需要他们进一步夯实，勤俭节约的精神还需要他们进一步保持。同时，他们还需要用脚踏实地的厚重，把超越性的精神追求转化为有利于国计民生的创新性和创造力，并由此成为物质财富不断增加的源泉。

【简析】

这篇调查报告分为开头和正文两部分。

开头部分介绍了调查的背景、调查的对象、调查的方法。

正文由以下几个部分构成：

一是“大学生社会心态的整体图景”，选取“信心”“认同”“个体”“物质为基础的精神追求”及“网络原住民”五个关键词，调查当代大学生的思想价值观。

二是“大学生社会心态与主流价值观的耦合关系”，从大学生对中国政治经济文化历史的整体评价、对个人发展与社会前景的乐观态度、普遍的安全感和社会信任感、特殊的调适机制四个方面，调查大学生与主流价值观之间存在的耦合关系。

三是“大学生社会心态与主流价值观之间的张力”，这部分首先通过大学生对个体特质的强调和以物质为基础的精神追求方式两个方面，发现大学生社会心态和主流价值观之间一定程度的背离关系，然后指出了背离关系可能导致的后果。

四是“主流价值观体系建构需要处理的三对核心关系”，这部分既是对前面调查的顺承，也是对前面三部分的总结和深化。在综合大学生社会心态特征和与主流价值观关系的基础上，提请在建构主流价值观体系过程中要重点处理的三对关系：认同与开放的关系、个人与社会的关系、精神追求与物质追求的关系。

整体来看，这份报告采用了递进式和串联式相结合的结构。四个部分之间形成递进关系层层展开，每部分又分别采用串联式结构，每段段首使用段落中心句呈现结论，再用调查数据体现调查每个论点。全文结构严谨，条理清晰，有理有据，立意高远。

第五节　述职报告

【学习目标】

1. 识记述职报告的含义和特点
2. 理解述职报告的内容要素
3. 掌握述职报告的写作

一、述职报告的认识

述职报告是指各级党政机关、企事业单位、社会团体的工作人员，依据自己的职务要求，就任职期间的岗位职责执行情况进行自我总结和评估，向上级领导和群众进行汇报时形成的书面报告。

述职报告具有以下特点：内容的特定性、行文的述评性、风格的严肃性。

内容的特定性。述职者应当根据自己所在岗位的职责和目标，述说在特定时期内做了哪些工作、取得了哪些成绩、工作效率如何、还有哪些地方存在不足、工作上是否存在失误、工作作风如何等问题，不能脱离特定的岗位职责和时期进行述职。

行文的述评性。述职者除了在述职报告中陈述自己的工作情况之外，还必须进行自评。对于考核者而言，仅仅根据述职者对工作的陈述，还不足以对述职者的成绩做出客观的考核，因此需要述职者不仅进行“陈述”，还要进行“自评”，做到述评结合。

风格的严肃性。述职是一种十分严肃的公务活动，述职报告是考核、评优、晋升的重要依据，因此要求述职者必须客观地陈述自己履行岗位职责的情况，既不允许夸大事实，也不允许虚构事实，更不允许刻意掩盖工作中的失误。

按照内容、时间的不同，述职报告可以划分为不同的种类。

按照内容的丰富程度，述职报告可以分为：综合性述职报告，专题性述职报告，单项工作述职报告。

按照时间的不同，述职报告可以分为：任期述职报告，年度述职报告，临时性述职报告。

二、述职报告的写作

述职报告通常由标题、主送机关（称谓）、正文三部分组成。

（一）标题的写作

述职报告的标题有常规标题和双标题两种。

常规标题多以“职务＋述职报告”“时间＋述职报告”为标题。如：

××公司经理述职报告

2020年年度述职报告

双标题由主、副标题组成，通常主标题是对述职内容的高度概括，副标题与常规标题的构成大体相似。如：

抓住机遇，迎接挑战——××厂厂长述职报告

（二）主送机关（称谓）

向上级机关呈送的述职报告，应该写明主送机关，向领导和群众进行述职的述职报告，则应写明称谓，称谓可以使用统称。

（三）正文的写作

述职报告的正文通常由开头、主体、结尾三个部分组成。通常包括：岗位职责，工作内容，经验教训等要素。

1. 开　头

述职报告的开头常会交代述职的背景。通常包括：任职期限、岗位职责、述职依据、工作概况等内容。

2. 主　体

述职报告的主体包括工作陈述、工作评价两部分，即对本人所负责任和分管工作进行陈述、评估，结构可以采用工作项目归类式、时间发展顺序式、内容分类集中式。

工作项目归类式。即把自己所做的工作按性质加以合理分类，一类作为一个层次依次进行阐述和评价。如常规工作、重点工作、其他工作；或独立承担的工作、他人协助的工作、协助别人的工作；或科研工作、教学工作、其他工作。采用这种写法时

要注意详略得当，对做出突出成绩的、有创造性、开拓性进展的工作要重点写，一般性的工作、日常事务性工作可略写。

时间发展顺序式。即把任期内的工作按时间先后顺序分成几个阶段，然后逐段陈述和评价。这种形式在任期述职报告中经常采用，因为任期时间较长涉及面广，所做的工作和存在的问题较多，为了便于归纳总结，以展示工作的全貌和历程，可以将一个时期的主要工作按时间分段。采用这种顺序写作时，可以与工作项目归类式相结合，既按照时间顺序，又在特定时间内进行工作项目归类，这样既可以清楚呈现工作历程，也可以突出重点内容。

内容分类集中式。这种形式一般是将述职内容分为主要工作、成绩效益、经验教训、存在问题、今后拟采取的对策等几方面的内容，依次展开。采用内容分类集中式要注意的是详略得当，以汇报工作、评价工作为主，其他内容可以略写。

3. 结尾的写作

述职报告的结尾可无，可有。如果已在正文部分形成了完整的内容，可以没有结语。如有，可以用“特此报告，请审查”“以上报告，请领导和同志们批评指正”、或“以上是我的述职，谢谢各位”等作为结语，也可以通过对自己做一个基本的评价、或简要说明自己的体会或今后打算作为结尾。

（四）述职报告的写作要求

1. 个性鲜明

述职报告是述职者就自己的岗位职责、主要工作内容来撰写的，述职者的职务不同，主管、分管的工作各异，思想素质、政策水平、业务能力、工作经验和取得的成绩也各不相同，因此，述职报告绝不能千篇一律，千人一面，而要体现出鲜明的个性。

2. 喜忧分半

述职报告不同于经验总结，既要充分展示工作成绩，也要正视缺点不足。因此写述职报告应坚持一分为二、实事求是的原则，既要报喜，也要报忧，这样才会产生良好的述职效果。

3. 点面结合

述职报告需要全面且又有重点地把履行职责的实绩和履行职责的能力表现出来。全面是指把全部工作分成几大类，概述所取得的主要成绩，指出存在的问题和薄弱环节。重点是指围绕“职责”二字，详细叙述几项有代表性的工作业绩。要以“面”反映工作的量和质，以“点”来展示工作的手段、方法和能力。

4. 表达多样

述职报告的主要表达方式是叙述和说明，即述说自己履行职责的情况。在叙述和说明的同时，也兼用议论，即对自己的任职情况有一定的分析和评估，把感性认识上升到一定的理论高度，总结出带有规律性的东西。虚实结合，理论联系实际。

例文简析

【例文 1——述职报告】

政府工作报告

——2021 年 3 月 5 日在第十三届全国人民代表大会第四次会议上①

国务院总理　李克强

各位代表：

现在，我代表国务院，向大会报告政府工作，请予审议，并请全国政协委员提出意见。

一、2020 年工作回顾

过去一年，在新中国历史上极不平凡。面对突如其来的新冠肺炎疫情、世界经济深度衰退等多重严重冲击，在以习近平同志为核心的党中央坚强领导下，全国各族人民顽强拼搏，疫情防控取得重大战略成果，在全球主要经济体中唯一实现经济正增长，脱贫攻坚战取得全面胜利，决胜全面建成小康社会取得决定性成就，交出一份人民满意、世界瞩目、可以载入史册的答卷。全年发展主要目标任务较好完成，我国改革开放和社会主义现代化建设又取得新的重大进展。

在艰辛的抗疫历程中，党中央始终坚持人民至上、生命至上，习近平总书记亲自指挥、亲自部署，各方面持续努力，不断巩固防控成果。我们针对疫情形势变化，及时调整防控策略，健全常态化防控机制，有效处置局部地区聚集性疫情，最大限度保护了人民生命安全和身体健康，为恢复生产生活秩序创造必要条件。

一年来，我们贯彻党中央决策部署，统筹推进疫情防控和经济社会发展，主要做了以下工作。（略）

二、“十三五”时期发展成就和“十四五”时期主要目标任务

过去五年，我国经济社会发展取得新的历史性成就。经济运行总体平稳，经济结构持续优化，国内生产总值从不到 70 万亿元增加到超过 100 万亿元。创新型国家建设成果丰硕，在载人航天、探月工程、深海工程、超级计算、量子信息等领域取得一批重大科技成果。脱贫攻坚成果举世瞩目，5575 万农村贫困人口实现脱贫，960 多万建档立卡贫困人口通过易地扶贫搬迁摆脱了“一方水土难养一方人”的困境，

① 中华人民共和国中央人民政府网站，《政府工作报告——2021 年 3 月 5 日在第十三届全国人民代表大会第四次会议上》。http：//www.gov.cn/gongbao/content/2021/content_5593438.htm.

区域性整体贫困得到解决，完成了消除绝对贫困的艰巨任务。农业现代化稳步推进，粮食生产连年丰收。1亿农业转移人口和其他常住人口在城镇落户目标顺利实现，城镇棚户区住房改造超过2100万套。区域重大战略扎实推进。污染防治力度加大，资源能源利用效率显著提升，生态环境明显改善。金融风险处置取得重要阶段性成果。全面深化改革取得重大突破，供给侧结构性改革持续推进，“放管服”改革不断深入，营商环境持续改善。对外开放持续扩大，共建“一带一路”成果丰硕。人民生活水平显著提高，城镇新增就业超过6000万人，建成世界上规模最大的社会保障体系。全面建立实施困难残疾人生活补贴和重度残疾人护理补贴制度。教育、卫生、文化等领域发展取得新成就，教育公平和质量较大提升，医疗卫生事业加快发展，文化事业和文化产业繁荣发展。国防和军队建设水平大幅提升。国家安全全面加强，社会保持和谐稳定。经过五年持续奋斗，“十三五”规划主要目标任务胜利完成，中华民族伟大复兴向前迈出了新的一大步。

“十四五”时期是开启全面建设社会主义现代化国家新征程的第一个五年。我国发展仍然处于重要战略机遇期，但机遇和挑战都有新的发展变化。要准确把握新发展阶段，深入贯彻新发展理念，加快构建新发展格局，推动高质量发展，为全面建设社会主义现代化国家开好局起好步。

根据《中共中央关于制定国民经济和社会发展第十四个五年规划和二〇三五年远景目标的建议》，国务院编制了《国民经济和社会发展第十四个五年规划和2035年远景目标纲要(草案)》。《纲要草案》坚持以习近平新时代中国特色社会主义思想为指导，实化量化“十四五”时期经济社会发展主要目标和重大任务，全文提交大会审查，这里概述几个方面。(略)

三、2021年重点工作

今年是我国现代化建设进程中具有特殊重要性的一年。做好政府工作，要在以习近平同志为核心的党中央坚强领导下，以习近平新时代中国特色社会主义思想为指导，全面贯彻党的十九大和十九届二中、三中、四中、五中全会精神，坚持稳中求进工作总基调，立足新发展阶段，贯彻新发展理念，构建新发展格局，以推动高质量发展为主题，以深化供给侧结构性改革为主线，以改革创新为根本动力，以满足人民日益增长的美好生活需要为根本目的，坚持系统观念，巩固拓展疫情防控和经济社会发展成果，更好统筹发展和安全，扎实做好“六稳”工作、全面落实“六保”任务，科学精准实施宏观政策，努力保持经济运行在合理区间，坚持扩大内需战略，强化科技战略支撑，扩大高水平对外开放，保持社会和谐稳定，确保“十四五”开好局起好步，以优异成绩庆祝中国共产党成立100周年。

今年我国发展仍面临不少风险挑战，但经济长期向好的基本面没有改变。我们要坚定信心，攻坚克难，巩固恢复性增长基础，努力保持经济社会持续健康发展。(略)

各位代表!

重任在肩，更须砥砺奋进。让我们更加紧密地团结在以习近平同志为核心的党中央周围，高举中国特色社会主义伟大旗帜，以习近平新时代中国特色社会主义思想为指导，齐心协力，开拓进取，努力完成全年目标任务，以优异成绩庆祝中国共产党百年华诞，为把我国建设成为富强民主文明和谐美丽的社会主义现代化强国、实现中华民族伟大复兴的中国梦不懈奋斗！

【简析】

这是李克强总理于2021年3月5日在第十三届全国人民代表大会第四次会议上做的政府工作报告，题目虽然是工作报告，但内容是对国务院2020年工作的回顾与评估、对2021年重点工作的展望，因此同样符合述职报告的写作要求。

开头部分直接指出述职背景“我代表国务院，向大会报告政府工作，请予审议，并请全国政协委员提出意见”。

主体部分依次包括2020年工作回顾、“十三五”时期发展成就和十四五时期主要目标任务、2021年重点工作三个部分。

在第一部分2020年工作回顾里，采用了内容分类集中式表述结构，先分条列项介绍了主要工作和成绩效益，然后对经验教训、存在问题及今后注意事项进行了集中陈述。

在第二部分“十三五”时期发展成就和十四五时期主要目标任务里，首先对“十三五”时期的发展成就进行简要概况，然后对“十四五”时期的主要目标和重要任务进行量化概述。

在第三部分2021年重点工作里，则是对国务院2021年度的工作打算做详细汇报，首先明确了预期目标，然后针对预期目标的实现路径进行详细介绍，符合述职报告结尾对今后打算的说明。

全文主题非常清晰，逻辑非常严密，各部分内容衔接紧密，符合述职报告的写作特征。

【例文2——述职报告】

××省财政厅××厅长述职报告

主任、副主任、秘书长、各位委员：

我于2016年1月被省人大常委会任命为省财政厅厅长。至今已有两年多的时间。遵照省人大常委会的要求，现述职如下：

第一部分：两年来的履行职责情况

到财政厅之前，我在省工商局任职5年，情况熟悉，工作顺手，加上年龄又比较大等因素，从个人角度考虑，当时我不愿到新岗位任职。但我是入党多年的共产党员，必须服从党的决定。我曾向省委和省人大郑重表态：既然服从了组织决定，接受了人大的任命，就要勇往直前，义无反顾，恪尽职守，全力以赴地做好财政工作。两年多来，我履行了自己的诺言。我和领导班子成员齐心协力，带领广大财政干部团结奋斗，使全省财政依法行政和依法理财观念得到加强，各项改革不断推进，内部管理日益规范，工作作风明显改善，服务意识进一步增强，较好地完成了各项任务。

一、树立依法行政观念，着力推进财政改革，全面规范财政管理

如何管好钱、用好钱，发挥好财政的宏观调节作用，促进全省经济和社会事业发展，是我新任职后必须首先解决的问题。为此，我带领一班人，进行了近半个月的调查研究，提出了全省财政工作的总体思路，即树立依法行政、依法理财的观念，围绕省委、省政府中心工作，以保稳定、保改革、保发展为目标，通过深化财政改革，规范财政管理，逐步建立适应公共财政要求的财政运行机制。这一思路得到了省委、省政府的肯定和支持。两年来我和党组一班人大力倡导并组织实施了一系列加强管理与深化改革的举措。

（略）

二、以行风评议为契机，全面加强财政部门廉政建设和作风建设

2017年，根据省纪委十一次全会和省纠风办的部署，全省财政系统广泛开展了行风评议活动。对各方面反映的问题，从思想上和作风上找原因、挖根源，逐项制定整改措施，逐条进行落实纠正。

（略）

三、自觉接受省人大及其常委会的监督，认真办理人大代表建议，全面提高省级财政管理水平

在日常工作中，我注意自觉接受人大的监督。每年编制预算过程中，及时向人大有关部门通报预算编制的指导思想、原则，接受人大有关部门的审查意见；预算经人代会审议通过后，认真执行人代会通过的预算审查报告和大会决议，及时批复单位执行；预算执行过程中，对收入的超收和支出预算的追加及时向人大常委会提出变更预算的报告，严格履行法定程序：财政管理中的重大改革等事项，及时向人大常委会报告。

第二部分：存在问题和努力方向

任职两年来，虽然做了一些工作，取得了一些成绩，但也存在一些不足之处。主要有：

一是，执行财经法规的力度还不够强。在×年多的工作中，尽管自己尽力想做到依法行政、依法理财，但由于多方面的原因，在年度预算执行中，对单位的经费申请有追加的现象；财政资金下拨后，追踪问效不够；省级少数单位存在违反财经纪律的现象，督查处理也不够。

二是，个人理论学习不够。学习理论的自觉性、持久性、系统性不足。抓理论学习教育的各项措施落实不到位，执行制度不严。在学习中有偏重学习经济理论、管理知识和财政知识，偏轻学习政治理论、党建理论和知识的倾向。

三是，有些工作抓得不紧。财政支出结构调整仍存在薄弱环节，工资、“两个确保”和“低保”的保障基础还不牢固；管理工作滞后，清理财政供给范围的力度仍需加强；巩固、完善、提高农村税费改革成果的任务比较艰巨；队伍建设抓得不够严，制约监督机制不健全；对机关一般干部的谈心和思想政治工作不到位，至今仍有一些干部不热悉。

四是，廉政建设与中央、省委要求有差距。对党风廉政建设和反腐败斗争的重要

性、紧迫性、长期性理解和认识仍显不足。干部接受吃请等现象虽受到制约，但尚未绝迹。存在重业务、轻监管现象。

五是，当矛盾多、压力大时会出现急躁情绪，有时不注意工作方式、方法。与兄弟单位，尤其是主要经济部门主动沟通不多。

针对上述这些问题，我将借助这次向省人大常委会述职的机会，进一步认真反思自己的工作和思想，实事求是地总结经验教训，增强做好本职工作的责任感和使命感，并切实做好以下几方面的工作：

1. 带头抓好政治理论和业务知识学习。(略)

2. 进一步增强依法行政、依法理财观念，深化农村税费改革和部门预算、国库集中支付、政府采购、预算外资金管理等各项改革。(略)

3. 抓好财政部分的党员廉政建设工作。(略)

以上述职如有疏漏和不当之处，恳请主任、副主任、秘书长和各位委员批评指正。

财政厅厅长：××

2018 年 4 月 23 日

【简析】

这是某省财政厅厅长的一篇述职报告。标题为“单位+姓名+职务+任期时限+文种”式，报告的对象是省人大常委会的领导同志。正文部分，引言十分简洁，说明了述职者所任的职务及任职时间，然后用过渡性句子转入下文。主体由两个部分构成，第一部分为“两年来的履行职责情况”，下分三点，谈工作实绩；第二部分为“存在问题和努力方向”，下分两点，先谈“存在的问题”，再谈“努力的方向”。全文逻辑思维清晰，结构严谨。

本文的特点是，作者视野开阔，涉及面广，两个部分都讲得较为具体详细(例文前一部分省略了许多文字)。讲成绩时，几处用“我和领导班子成员齐心协力，带领广大财政干部团结奋斗”之类句子，把领导班子的集体工作和个人作用之间的关系陈述得清楚明白，表现出实事求是的精神。结尾简洁地向与会领导同志表达了自己的恳切希望。

第六节　会议记录

【学习目标】

1. 理解会议记录的作用
2. 掌握会议记录的记录要求
3. 了解会议记录和会议纪要的不同

一、会议记录的认知

（一）会议记录的概念

会议记录是客观记载会议主要内容和情况的文书，是关于会议的最原始材料。会议记录的特点是纪实性、客观性。

凡正式会议，都要形成会议记录，因此要求有会必录，并且要求会议记录的内容要原原本本反映会议全貌。

（二）会议记录的作用

会议记录最重要的作用是查考。具体来说，会议记录是关于会议的第一手材料，首先具有记录的作用。其次，会议记录是落实会议重要精神、开展工作的依据，为了推进会议精神的落实，会形成一系列公文，如会议纪要、会议简报、通知、计划等，这些公文都需要在会议记录基础上撰写。最后，会议记录是重要的档案材料，可作为撰写大事记、编纂、修史的材料。

（三）会议记录的内容

会议记录的内容要素包括会议名称、会议日期、会议地点、与会人员（出席人、列席人）、缺席人、主持人、记录人、议题、与会者的发言、决议等信息。

1. **会议名称**：会议名称要写明会议的年度、届次、类型等信息。

2. **会议日期**：会议日期要写明年、月、日，如有必要，可写明上、下午乃至更具体的时间。

3. **会议地点**：会议地点要具体、规范，不可笼统。如“会议室”就不符合地点的写作要求。

4. **与会人员**：与会人员如较多，可使用统称，如人数不多，可写出具体姓名。与会人员可分为出席人和列席人，出席人指有发言权、表决权等权力的人，列席人指作为旁观者参加会议的人，通常不具有发言、表决等权力。缺席人指未出席会议的人，如有，要写出具体姓名和缺席原因。

5. **主持人**：主持人通常是主持召开会议的领导，要写明具体姓名和职务。

6. **记录人**：记录人如一人，写明姓名、职务等信息，如多人共同记录，要全部注明。如记录人和整理人不同，还应标注整理人的姓名和职务。

7. **议题**：议题即会议讨论的主题，通常采用介宾短语形式居中注明，若多个议题，用序号依次领起。

8. **与会者的发言**：与会者发言要写明发言者的姓名和职务，记录发言者的主要内容，不可臆测和歪曲。多个发言者发言时，要注意详略得当。

9. **决议**：决议是会议讨论做出的决定，一般在会议最后由主持人进行归纳，要尽可能详细、准确记录，还应写明与会者对决议的态度，如“一致通过”“一致同意”等。

二、会议记录的记录要求

（一）标　题

会议记录的标题通常采用“会议名称 + 记录”的形式。

（二）记录原则

会议记录的记录原则是全面、客观。“全面”指要力求原原本本反映会议全貌。“客观”指不允许夹杂个人观点和好恶，更不允许歪曲讲话人原意。

（三）记录方法

会议记录的方法可以概括为两个字：“要”和“省”。“要”即择要，“省”即省略。会议记录如何择要、如何省略，最关键的是方法是“抓住议题”。和议题直接相关的内容属于“择要”的范围，不相关或不直接相关的内容属于“省略”的范围。

1. 会议记录如何择要？

记录一次完整的会议，择要指的是记录主持人、主要发言人、其他参与人关于议题的讲话内容，以及与会者对议题的不同观点、结论性的意见、决定和未决定的事项。

记录某一个人的发言，择要指的是记录讲话的主要论据和论点。

记录具体的一段话，择要指的是记录句子的基本成分，选择最关键的信息。

2. 会议记录如何省略？

就整体会议情况来说，省略首先指省略那些与议题不直接相关的内容。在会议中，与会者发言可能会出现偏离议题的地方，这些与议题内容没有直接关联的内容就是会议记录要省略的对象。

省略的对象还包括引文。会议中涉及文件、精神的引用，可以先记下起止，省略正文，随后查找补上。

记录具体的发言时，可以使用省略法，如使用简称、统称、缩略语等，或暂时省略句子的成分，随后补充完整。

三、会议记录与会议纪要

《党政机关公文处理工作条例》规定，会议纪要是“适用于记载会议主要情况和议定事项的公文”。会议纪要是在会议记录基础上经过加工、整理形成的具有记叙性和介绍性的文件。

（一）会议记录与会议纪要的异同

会议记录与会议纪要的共同点是都属于会议类文书，都具有很强的纪实性。不同点体现在对象、方法、写法、作用四个方面。

适用对象不同：会议记录是有会必录，凡正式会议都要记录。会议纪要针对重要会议和会议的重要情况，只有当需要上呈下达时才有必要整理成纪要。

写作时间不同：会议记录是随着会议进程进行，依次记录，力求详细。会议纪要是在会议结束后，在会议记录的基础上整理而成。

写作手法不同：会议记录是客观纪实材料，除择要和省略外要减少表达手法的使用，力求反映会议实况。会议纪要是集中反映会议精神，因此会使用到归纳、总结、概括等方法突出重点，具有高度的概括性和政策性。

成文作用不同：会议记录多用于查考和凭证，一般不具备指导工作的作用，只作为原始资料和凭证保存，不用于直接指导工作，不上呈下达。会议纪要主要作用是上呈下达会议精神，经审批后可以作为正式文件印发或发表，可用于指导工作。

（二）会议纪要的写作要求

会议纪要标题的写作可以参考公文标题，采用“会议名称＋纪要”的形式，也可以使用双标题，采用“文章类标题＋公文标题”的形式。如：

××市扶贫工作会议纪要

穷追猛打，除恶务尽——××市打黄扫非工作会议纪要

会议纪要不写主送机关、不落款。印好后可以直接发给有关单位和个人。

会议纪要的开头通常概述会议名称、会议时间地点、目的和依据、参会人员、议题等信息。然后用过渡语“现将会议内容纪要如下”引出主体。主体部分通常是对会议讨论的事项进行归纳整理，形成具有概括性的文本。

会议纪要的写作要做到：内容上分清主次、抓住重点，手法上叙议结合、注重归纳，结构上层次分明、结构合理。

【课后思考】

大学生为什么要了解会议记录的记录要求？

第七节　消　息

【学习目标】

1. 识记消息的概念、特点
2. 理解消息的写作要求
3. 掌握动态消息的写作规范

一、消息的认知

（一）消息的概念

消息，即新闻稿，是将新近发生的、有报道价值的、需要使相关单位、部门或群体知晓的事件，用简明扼要的文字进行报道的文章。

消息的适用范围非常广泛。从发文机关来说，消息适用于各级国家机关、企事业单位及其部门和组织。从内容来说，消息适用于所有具有报道价值的事件。

（二）消息的特点

消息具有真实性、及时性、简明性的特点。

真实性包括内容的真实和报道的真实两个方面。内容的真实指消息必须是真实发生的事件、存在的情况，报道的真实指消息的写作手法必须客观，不能想象、歪曲。

及时性是指针对新形势、新情况、新经验，要及时撰写并发文，事件发生后要及时成文，否则就使“新”成为“旧”，失去报道价值。

简明性是指消息的内容高度集中，篇幅短小精悍。

（三）消息的种类

按照不同的划分标准，消息可以分为不同的类型。

按照行业领域的不同，可以分为政治消息、经济消息、军事消息、文化消息、体育消息、教育消息、旅游消息等。各行各业都可以使用消息进行报道。

按照具体内容的繁简程度，可以分为动态消息和综合消息。动态消息是针对刚刚发生的或正在进行的事件，一事一报，内容精简、篇幅短小，具有高度的及时性。综合消息是针对特定时间段、或围绕特定主题的情况、事件、经验进行报道的文章，内容可以包括多个事件或多个方面，有一定的综合性。

按照写法的不同，可以分为陈述性消息和述评性消息。陈述性消息以陈述情况、事件、经验为主，多使用陈述笔法，很少或不做相关议论。述评性消息的内容往往包含事件和评价两部分，多使用夹叙夹议的方式，先陈述事件，后对事件进行评论。

二、消息的写作

消息通常由标题和正文两部分组成。

（一）标题的写作

消息的标题是对消息内容的高度概括和浓缩。消息的标题首先应该准确，要能准确反映事实、概括观点，同时应该做到简洁、醒目。在准确、简洁、醒目的基础上，消息的标题还可以追求新颖、独特、深刻，吸引读者的注意力，引起读者的阅读兴趣。消息的标题可以分为单标题和双标题。

1. **单标题的写作**：可以采用说明式标题、提问式标题、警句式标题等形式。

说明式标题：直截了当说明文章中心。如：

习近平在十九届中央纪委五次全会上发表重要讲话

李克强主持召开国务院全体会议

全民接种新冠病毒疫苗个人不负担费用

春节期间“菜篮子”市场供给有保障

高技能人才职称评审 学历不再是“刚需”

提问式标题：抓住主要问题进行提问或设问。如：

如何做好基层政务公开？

71岁的人，还可以考驾照吗？

知否知否？这些问题的答案，政府工作报告都有！

这些新规元旦起实施，给你我带来哪些新变化？

警句式标题：用祈请式警句或名人名言作题。如：

十二月起，这些新规将影响你我生活！

习近平谈冬奥会筹办工作：对办好这一届盛会充满信心

突破100万亿！11个数字看懂2020年中国经济

超2.5万亿元！2020年减税降费政策很给力

2. **双标题的写作**：即“主标题 + 副标题”。采用双标题时，一般主标题揭示文章观点和中心，副标题概括事件和范围。双标题要注意虚实结合、相得益彰，可以同时为实标题，但不可以同时为虚标题。如：

“有力提振全球经济复苏的信心”——国际社会积极评价中国最新经济数据

银保监会点名批评“土味”“奇葩”广告——警惕网络平台诱导过度借贷

严格防疫 安全有序——全国硕士研究生招生考试首日见闻

直挂云帆济沧海——2020年中国经济风雨兼程勇毅前行

托起稳稳的幸福——“十三五”以来养老服务质量稳步提升

（二）正文的写作

正文通常包括导语、主体、结尾三部分。

1. 导语的写作

导语，即消息的开头，一般是消息开头部分的一句话、几句话、或一个自然段。导语有两个作用：一是简要概括文章中心，二是引起读者好奇心，激发读者阅读兴趣。按照写作方式和作用的不同，导语一般有叙述式导语、描写式导语、评论式导语、设问式导语、结论式导语、引语式导语几种。

叙述式导语：简明扼要叙述消息的主要内容，是最常见的导语类型。

1月22日，中共中央总书记、国家主席、中央军委主席习近平在中国共产党第十九届中央纪律检查委员会第五次全体会议上发表重要讲话。（标题《习近平在十九届中央纪委五次全会上发表重要讲话》）

描写式导语：选择事实中有意义的场景或侧面，进行细致的描绘，使读者身临其境。

“谢谢姐姐，你们辛苦了”刚做完核酸检测的5岁小女孩给身穿防护服的“白衣天使”鞠躬道谢。尽管已至深夜，但北京市顺义区空港街道的12处采样点一直在紧张忙碌着。自2020年12月25日下午6时起，空港街道23个社区6万多常住居民开展全员核酸检测，社区实行封闭式管理，严控人员进出。（标题《各地多措并举确保人民群众安全过新年》）

提问式导语：将主要内容、核心事实凝练成问题，以提问的形式作为开头。

税收是经济运行的“晴雨表”。全国税务工作会议8日在北京举行，“十三五”收官之年，国家交出怎样的税收“成绩单”？增减之间如何确保实体经济“实打实”受益？“十四五”新开局，税收工作将带来哪些新实惠？（标题《为民减负 依法治税——打开2020年国家税收“成绩单”》）

引语式导语：将人物的讲话或对话放入导语中，点明主题或事实。

“尤为难能可贵的是，我们的人民群众和市场主体，在罕见的疫情冲击下，表现出坚韧不拔的韧性，作出了巨大奉献，这是我国经济得以稳定恢复的重要基础。”李克强总理在1月21日的座谈会上强调。（标题《李克强邀请专家企业家“改”报告》）

结论式导语：将事件的结局、问题和工作的结论放在消息的开头。

针对公众接种新冠病毒疫苗费用问题，9日国务院联防联控机制权威回应：在知情自愿的前提下，居民接种新冠病毒疫苗所产生的疫苗费用和接种服务费用，将由医保基金和财政共同负担，个人不负担。（标题《全民接种新冠病毒疫苗个人不负担费用》）

评论式导语：将作者对事实的感受、评价、评论作为消息的开头。

近年来，网络平台的消费金融产品已嵌入客户日常消费场景，形成无感化获客，但也引发了金融信用错配等问题。过度营销带来金融风险隐患，还导致过度消费、信用违约等社会问题。对此，银保监会消费者权益保护局提醒广大消费者，警惕过度借贷营销背后隐藏的风险或陷阱。（标题《银保监会点名批评“土味”“奇葩”广告——警惕网络平台诱导过度借贷》）

2. 主体的写作

主体是消息最基本、最重要的内容。主体紧紧衔接导语，是对导语的展开、补充、深化。主体的写作要注意以下两点：

选择最佳顺序，合理安排文章结构。主体部分涉及的材料常常比较丰富，因此就涉及按照什么顺序安排材料的问题。通常情况下，可以按照两种顺序安排结构。一是时间顺序，二是逻辑顺序。时间顺序即时间先后顺序，优点是线索清楚、脉络分明，动态消息常常采用时间顺序。逻辑顺序一般针对材料比较复杂的、具有综合性的消息，或是为追求更生动的表达效果，具体体现为并列、递进、因果、总分等关系。

顺序决定了文章的结构，在选择顺序时，要综合考虑发文机关属性、主题特征、读者的特点、材料的多少、与导语的关系等因素，不论选择什么顺序，都要做到层次分明、结构严谨。

叙述事实为主，综合运用多种手法。消息主要用于对新形势、新动向、新经验进行报道，因此在表达方式上以叙述事实为主。但作为一种文章类型，消息可以追求表达的生动、形象、深刻，因此可以综合运用多种表达手法，如说明背景、描写场景、评论事实、发表观点，等等。

3. 结尾的写作

消息的结尾即文章的最后一句、几句话，或文章的最后一段。结尾起着收束全文、点名主旨、深化主题的作用。结尾可以有很多种写法，如以事件的结果作为结尾，以对事实或现象的评论作为结尾，以概括性小结作为结尾，或以未来发展趋势和预告作为结尾，等等。并非所有消息都需要结尾，如自然收束全文，可以不再专门结尾。结尾写作的原则是恰当、简练。

例文简析

【例文 1——政务类消息】

韩正主持召开中央生态环境保护督察工作领导小组会[①]

5 月 28 日，中共中央政治局常委、国务院副总理、中央生态环境保护督察工作领导小组组长韩正在北京主持召开中央生态环境保护督察工作领导小组会议。

韩正指出，要全面贯彻落实习近平总书记重要讲话和指示批示精神，把生态文明建设摆在全局工作的突出地位，处理好发展与保护的关系，促进高质量发展。要坚持系统观念，突出标本兼治，把生态环境保护与国家重大区域战略结合起来，推进山水林田湖草沙一体化保护和修复。要坚持严的基调，坚决遏制“两高”项目盲目发展，对顶风作案破坏生态环境的行为要依法严肃处理。要坚持问题导向，善于发现和解决问题，针对共性问题完善制度和机制，着力整治群众反映强烈的生态环境问题。

韩正充分肯定中央生态环境保护督察工作取得的成效，强调要坚持精准、科学、依法督察，加强督察问题整改。要抓住主要矛盾，突出工作重点，坚持依法依规督察，

① 中华人民共和国中央人民政府网站，《韩正主持召开中央生态环境保护督察工作领导小组会》。http://www.gov.cn/guowuyuan/2021-05/28/content_5613777.htm.

完善法规制度，做到有法可依、依法行政、严格执法。要在问题整改上下功夫，列出问题清单，抓住督察问题不放，以整改结果检验中央生态环境保护督察工作成效。要发挥好舆论监督作用，持续跟踪媒体曝光的典型案例，直到问题得到彻底解决。

中央生态环境保护督察工作领导小组成员，中央生态环境保护督察组组长、副组长，中央生态环境保护督察办公室有关负责同志参加会议。

【简析】

这是一则政务类消息，全文四段，首段高度概括了会议时间、地点、主题，尾段补充了与会者信息，中间两段构成消息的主体内容。

第二段围绕生态环境保护工作的重要性展开。分别从贯彻落实习近平总书记讲话和指示批示精神、坚持系统观念、坚持严的基调、坚持问题导向四个方面，按照由宏观到具体的递进关系，说明了生态环境保护工作的方法。

第三段强调生态环境保护督察工作的重要性。首先肯定了生态环境保护督察工作取得的成效，再依次从坚持依法督察、在问题整改上下功夫、发挥舆论监督作用三个方面，强调生态环境保护督察工作的方法。

结构上，这篇消息段落与段落之间、句子与句子之间做到了衔接紧密、主次突出、详略得当、结构严谨。语言上，这篇消息参照了党政机关公文的语言标准，高度简洁、准确、直接。

【例文 2——校园类消息（一）】

我校召开校园安全知识讲座

2020 年 10 月 29 日，数学与统计学院安全知识讲座在主教学楼召开，学院团总支书记李×，2020 级辅导员张×以及学校安全管理处的王×、苗×莅临指导，数学与统计学院 2020 级学生踊跃参加。

安全知识讲座按时开始，首先，来自学校安全管理处的王×老师向同学们系统地展示了有关消防安全的知识，王老师用幽默生动的语言向同学们仔细阐述了如何在火灾中安全逃生、如何维持校园消防安全、以及火灾时合理的应急援助措施。王老师同时举出了一系列由于学生校园消防意识的薄弱而引发悲剧的案例，这些案例让在场同学唏嘘不已。随后，安全管理处的苗×老师向同学们介绍了校园诈骗的多种手段的特征和应对措施，针对电信、网络、求职、合同等典型诈骗手段，苗老师向同学们介绍了防备此类诈骗应特别注意的事项。讲座的结尾，苗老师向在场同学传达了我校“平安校园”项目的创立宗旨，并鼓励同学们树立良好的心态。

讲座结束后，同学们都获益颇多。相信数学与统计学院 2020 级的同学们能够在此次讲座的号召下，努力提高个人安全防范意识，进一步参与到共建和谐平安校园的活动中。

【例文3——校园类消息（二）】

教育学院召开2021届本科毕业生毕业实习动员大会

2020年9月11日下午，教育学院在逸夫科技馆四号会议室举行了2021届本科毕业生毕业实习动员大会。会议由教育学院副院长张×主持，教育学院党委书记张××、教育学院院长吕×、副书记韩×、各系部（中心）及办公室主任、毕业班班主任、毕业实习指导老师以及全体毕业生共三百余人参加了会议。

吕×院长首先就开展好2021届毕业生毕业实习工作做了动员讲话。他指出，毕业实习是对学生所学知识进行检验，也是积累初步工作经验的重要学习环节，希望同学们能够以积极认真的态度参加实习。吕院长还用王国维“成事的三个境界”勉励毕业生，让自己未来的人生道路能够“步步为赢”。

随后，张×副院长就实习过程中的注意事项和实习要求以及毕业论文的撰写，以PPT的形式直观地予以解释和说明，并进一步明确了整个实习过程中指导教师和学生各自的职责。

韩×副书记对实习期间毕业生管理工作做了相关说明，并针对相关管理提出了意见和要求。

会议最后，张××书记在总结发言中对毕业生实习期间学院以及指导教师应该提供的服务做出了具体的要求。张书记指出，希望各位毕业生以饱满的热情投入到实习当中，在实习期间牢记使命、虚心学习，为学院增光，为学校添彩。

会议结束后，同学们纷纷表示这次会议的召开解决了他们在实习方面的各种疑惑，为即将开始的实习工作奠定了扎实的基础，大家对毕业实习都已经做好了充分的准备。

【简析】

这两篇例文是校园常见的消息类型，第一篇关于校园讲座，第二篇关于校园会议。两篇消息都在开头概述了活动的基本情况，主体部分都按照事件时间顺序展开，均使用了“首先”“随后”“讲座的结尾”或“会议最后”等词语突显正文的层次关系。结尾均用同学们的收获和感受收束全文。

和政务消息相比，校园类消息的格式和语言均比较灵活，更加贴近学生生活，也更符合学生的接受水平。

第4章

礼仪类文书

礼仪类文书是国家机关、企事业单位、社会团体、个人在重要节日、商务宴请等重要礼仪场合，为表达感情、维持联系、增进交往等礼仪目的而使用的文书类型。

礼仪类文书是党政机关公文、事务文书等公务应用文的重要补充，使用频率比较高的礼仪文书有：感谢信、慰问信、请柬、邀请信、贺词、悼词、祝酒词等。

第一节　感谢信

【学习目标】

1. 理解感谢信的内容要素
2. 掌握常用感谢信的写作规范

一、感谢信的认知

感谢信是组织或个人对其他组织或个人提供的关心、支持、帮助、援助表示感谢的文书。

感谢信适用于组织对组织、组织对个人、个人对组织、个人对个人之间。感谢信与表扬信有相似之处，都有对组织或个人的某种行为予以肯定和表扬的用意。不同的是，表扬信侧重表扬组织或个人做了什么好事，可以不由当事者撰写，感谢信侧重对组织或个人帮助的感谢，由当事者撰写。

按照感谢对象的不同，感谢信可以分为写给组织的感谢信和写给个人的感谢信。按照公开程度的不同，感谢信可以分为公开张贴的感谢信和寄给组织或个人的感谢信。

二、感谢信的写作

感谢信通常由标题、称谓、正文、落款四部分组成。

（一）标题的写作

感谢信的标题可以采用三种形式：“感谢信”“感谢对象＋感谢信”“感谢者＋感谢对象＋感谢信”。如：

感谢信

致四川大学×××同学的感谢信

×××致高照街社区居委会的感谢信

（二）称谓的写作

标题下另起一行顶格书写被感谢的个人、组织的名称，感谢对象如是个人，要在对方姓名后加上职务、身份，或“同志”“先生”“女士”等礼貌性称呼，如是组织，要注意统称的准确性。如：

北京大学：

第一附属医院领导及医护人员：

尊敬的×××局长：

（三）正文的写作

感谢信正文按照内容可以概括为“知恩+图报”两部分。

“知恩”指向对方表示感谢的缘由。通常包括对方提供帮助的事实、帮助的结果和影响。事实部分的写作一般按照时间顺序采用陈述写法，写明时间、地点、经过、结果，突出真实性，做到脉络清晰、详略得当、主次分明。

“图报”可以包括“评价”和“感谢”两部分。“评价”是对对方提供帮助的事实做出评价，指出对方行为的价值和意义，写作时要注意实事求是、准确具体，可以进行适度的褒奖。“感谢”是向对方表达自己的谢意，同时还可以借此表达自己的态度，如向对方学习的决心、做好相关工作的信心等，写作时要注意自然得体、感情真挚。

感谢信结语可有、可无。如有，放在“图报”之后。可酌情选择“再次向您表示最真诚的感谢”，或“此致、敬礼”，或其他祝福语。

（四）落　款

感谢信的落款如加盖公章，可参考党政机关公文落款的形式，如无，文面右下方署组织或个人姓名，其下写成文日期。

例文简析

【例文 1】

感谢信

德州市中级人民法院：

2020 年伊始，一场突如其来的新冠肺炎疫情肆虐荆楚大地，武汉的疫情牵动全国人民的心。德州中院作为武汉大学法学院的战略合作单位，第一时间向我们伸出援手。1 月 27 日，贵院第一时间和我们武汉大学法学院联系，询问抗疫情况，转达德州法院对我院师生的牵挂和慰问。同时，紧急采购了 18 箱价值近两万余元的中医药抗疫物资，克服封城等重重困难，于2月3日空运武汉。收到物资后，我院组织认真登记，并及时安排分发给全体教职员工，收到了良好防护效果。

齐鲁大地，儒家之源，礼仪之邦。德州法院讲政治、顾大局，危难之处显身手、患难时刻见真情，在此，我们武汉大学法学院全体师生向山东法院特别是德州法院致以崇高的敬意和诚挚的感谢!让我们进一步加强交流，深化院校战略合作，携手同心、互促互进，为开创全面依法治国新局面，建设更加美好明天做出新的更大贡献!衷心祝愿德州法院全体干警身体安康、幸福平安!

武汉大学法学院（及印章）
2020年6月5日□□□□

【简析】

这则例文是组织写给组织的感谢信。标题首行居中用文种表明，正文按照“知恩”“图报”进行分段。“知恩”部分叙述了事件发生背景，事件经过、结果等信息，语言简洁明了、事实清晰完整。“图报”部分评价了对方行为的价值和意义，表达了感谢，表明加强合作的态度，并以祝愿结尾，内容完整，层次分明。全篇做到了语言简洁、感情真挚、结构严谨，是一篇高度规范的感谢信。

【例文2——感谢信】

感谢信

郑州航空工业管理学院：

11月20—24日，共青团网络宣传引导工作推进会在河南郑州召开。按照统一工作部署，贵校选拔优秀青年志愿者参与大会志愿服务工作。

在会议举办期间，贵校统筹协调，加强管理，确保志愿服务工作高效有序开展，有力支持了各项会务工作的开展。各位青年志愿者充分发挥志愿者精神，以饱满的工作热情，积极参与到大会各项服务之中，不讲条件，不计报酬，不辞辛苦，兢兢业业，默默奉献，在来自全国的参会代表前，展现了河南青年志愿者的精神风貌和良好形象，得到团中央、团省委领导和各位参会代表的一致好评。

在此，向参与会议志愿服务的贵校各位同志、各位青年志愿者表示衷心的感谢，并致以诚挚的祝福。

共青团河南省委（及印章）　　河南省志愿者联合会（及印章）
2014年11月27日□□□□

【简析】

这则例文是由组织发给组织的感谢信。标题首行居中写明文种，称谓为单位全称，全文共分为三个自然段，第一段简要概括事件背景，第二段按照事件、评价的顺序先叙后议地交代感谢缘由，第三段表达感谢和祝愿。内容完整，层次分明。

第二节 慰问信

【学习目标】

1. 理解慰问信的内容要素
2. 掌握常用慰问信的写作规范

一、慰问信的认知

慰问信是组织、个人向有关组织或个人表示安慰、问候和致意的一种礼仪文书。“表示安慰、问候和致意”是指慰问信主要适用于以下具体情况：一是特殊时期（如战争、灾害、事故）表示安慰，二是特定节日（如教师节、重阳节、妇女节）表示问候，三是针对对方的特定行为和事迹表示致意。

慰问信具有鼓舞性。慰问信一般适用于上级对下级之间、组织对个人之间。

按照慰问对象的不同，慰问信可以分为致群体的慰问信、致个人的慰问信。

按照具体功能的不同，慰问信可以分为表示同情的慰问信、表示问候和表彰的慰问信。两者的区别在于后者在慰问之外，还有表达感谢的用意。

表示同情的慰问信适用于向因某种原因遭受巨大损失或重大困难的组织或个人表示慰问。书写此类慰问信的目的在于表达难过、哀痛的心情，关心鼓励对方鼓起勇气克服困难，重在鼓励鼓舞。

表示问候和表彰的慰问信适用于在传统重大节日、特定群体节日来临之际，或对方做出具有贡献性行为之后，向特定群体或所在组织表示节日问候和感谢，或向对方取得的成绩和贡献表示鼓励和称颂。

二、慰问信的写作

慰问信通常由标题、称谓、正文、落款四部分组成。

（一）标题的写作

慰问信的标题可以采用四种形式：“慰问信”“节日名称 + 慰问信”“慰问对象 + 慰问信”“发文单位 + 慰问对象 + 慰问信”。如：

慰问信
教师节慰问信
致奋战在高温战线上全体员工的慰问信
中共成都市委、成都市人民政府致全市职工的慰问信

（二）称谓的写作

慰问信称谓的写作和感谢信称谓相同。另起一行顶格书写作为慰问对象的个人或组织的名称，慰问对象如是个人，要在对方姓名后加上职务、身份，或“同志”“先生”“女士”等礼貌性称呼，如是组织，要注意统称的准确性。

（三）正文的写作

慰问信的正文可以分为慰问缘由、慰问内容两部分。

慰问缘由通常是对事件的回顾，具体可以是重大灾难和意外的发生、特定节日的来临、付出的巨大努力、取得的突出成绩等情况。在表示同情的慰问信中，慰问缘由的写作一般是对意外事件的概括，包括事件发生的经过、结果、给对方造成的损失等。在表示问候和表彰的慰问信中，慰问缘由一般是对对方付出努力的肯定和取得成就的描述。

慰问内容通常会先表达对对方遭遇的同情、勇气的钦佩、成绩的肯定、品质的褒奖、节日的问候等，然后以勉励、祝愿、号召等鼓舞性的语言作为结尾。

（四）落　款

慰问信的落款和感谢信相同。如加盖公章，可参考党政机关公文落款的形式，如无，文面右下方署组织名称或个人姓名，其下写成文日期。

例文简析

【例文1——慰问信】

慰问信[①]

汶川地震灾区的气象干部职工们：

惊悉四川省汶川县5月12日发生7.8级强烈地震。此次地震灾害影响范围广，抢救难度大，人员伤亡和财产损失十分严重，灾区气象站网、设备等也遭受了严重的破坏和损毁，六名气象职工和家属罹难，一名失踪。在此，谨向你们及你们的家属表示深切的慰问，向死难者表示沉痛的哀悼，向在此危险和困难的条件下仍坚守在抗震救灾第一线的广大干部职工表示诚挚的感谢和崇高的敬意！

① 中国政府网，《慰问信》。http://www.gov.cn/gzdt/2008-05/16/content_977242.htm

灾害发生后，党中央、国务院高度重视，迅速组织、周密部署抗震救灾工作，要求各地、各有关方面务必把抗震救灾工作作为当前最重要、最紧迫的任务，坚决打赢抗震救灾这场硬仗，同时号召全国人民发扬“一方有难，八方支援”的精神，积极行动起来，支援灾区抗震救灾工作。

灾情就是命令，中国气象局已按照中央的要求全面部署气象部门的抗震救灾工作。灾难无情人有情，在这场突如其来的灾难面前，中国气象局已安排紧急抗震救灾资金 2 000 万元，派出中国气象局领导赶赴一线指导抗震救灾工作，组织全国技术力量加强灾区天气会商。

灾情凝聚感情，中国气象局党组关心灾区气象干部职工和家属的安危冷暖，采取一切手段，及时全面了解和掌握灾情以及同志们最急需的救助。全国各级气象部门和广大气象干部职工也心系灾区，竭尽全力支援灾区，截至 5 月 15 日下午已募捐 800 余万元。请同志们放心，中国气象局将随时根据灾区的实际需要提供一切帮助，全力以赴调集各种资源和力量，帮助灾区气象部门恢复灾后重建工作。

希望灾区气象部门的广大干部职工，坚决贯彻党中央、国务院的紧急部署，在各级党委、政府和中国气象局的领导下，把抗震救灾作为当前最重要、最紧迫的任务，科学组织，积极投入，充分发扬气象人不怕牺牲、不畏艰险，连续作战、团结协作的精神，在做好抗震自救、确保人员安全的同时，严密监测天气变化，切实做好气象预测预报服务，竭尽全力服务于党和国家抗震救灾大局，全心全意为灾区人民贡献我们的力量。

我们坚信，在党中央、国务院的坚强领导下，在全国人民的大力支援下，灾区气象部门一定能够与灾区人民一起，众志成城，迎难而上，共同夺取这场抗震救灾斗争的胜利，谱写气象人抗震救灾的新篇章！

中共中国气象局党组（及印章）

2008 年 5 月 15 日□□□□

【简析】

这是一则上级对下级表示同情的慰问信。慰问信的内容是对汶川地区遭受地震灾害的安慰和慰问。正文以“惊悉”开头，表达强烈的关心之情，全文既有对灾区气象干部职工受灾情况的陈述，也有对灾区的关心和同情，更有对工作的希望和勉励。全文情真意切，充满了关心、慰问和激励。

【例文 2——慰问信】

慰问信[①]

全国广大教师们：

第二十九个教师节到来之际，我正在遥远的乌兹别克斯坦进行国事访问。首先，

① 中国政府网，《正在乌兹别克斯坦访问的习近平向全国老师致慰问信》。http://www.gov.cn/ldhd/2013-09/09/content_2484494.htm

我代表党中央、国务院，向全国 1 400 万教师，致以诚挚的问候和崇高的敬意！祝大家节日快乐！

长期以来，我国广大教师认真贯彻党的教育方针，默默耕耘、无私奉献，用爱心、知识、智慧点亮学生心灵，培养了一批又一批优秀人才，为我国教育事业发展、为国家发展和民族振兴作出了突出贡献。

百年大计，教育为本。教师是立教之本、兴教之源，承担着让每个孩子健康成长、办好人民满意教育的重任。希望全国广大教师牢固树立中国特色社会主义理想信念，带头践行社会主义核心价值观，自觉增强立德树人、教书育人的荣誉感和责任感，学为人师，行为世范，做学生健康成长的指导者和引路人；牢固树立终身学习理念，加强学习，拓宽视野，更新知识，不断提高业务能力和教育教学质量，努力成为业务精湛、学生喜爱的高素质教师；牢固树立改革创新意识，踊跃投身教育创新实践，为发展具有中国特色、世界水平的现代教育作出贡献。

各级党委和政府要把加强教师队伍建设作为教育事业发展最重要的基础工作来抓，提升教师素质，改善教师待遇，关心教师健康，维护教师权益，充分信任、紧紧依靠广大教师，支持优秀人才长期从教、终身从教。

全社会要大力弘扬尊师重教的良好风尚，使教师成为最受社会尊重的职业。

祝全国广大教师身体健康、工作顺利、生活幸福！

习近平

2013 年 9 月 9 日

【简析】

这则例文是 2013 年习近平总书记向全国教师发出的教师节慰问信。标题首行居中写明文种，称谓为群体性称呼，正文包括三个部分，慰问的缘由（教师节来临），对慰问者的工作的肯定（广大教师为教育事业作出了突出贡献），对今后工作的希望（对广大教师、各级党委、政府、全社会分别提出希望），结语再次表达问候和慰问。全篇层次清晰，情真意切。

【例文 3——慰问信】

山西省委省政府致刘开周及家属的慰问信[①]

刘开周同志及家属：

值此“蛟龙”号载人潜水器 7 000 米级海试圆满成功之际，省委、省政府和 3 570 万家乡人民，向你及你的家人致以衷心的祝贺和亲切的慰问！

“蛟龙”号海试的成功，标志着我国在深海技术领域取得重大突破，作为担任这次

① 搜狐网，《山西省委省政府致刘开周及家属的慰问信》。http://roll.sohu.com/20120705/n347395034.shtml

任务的潜航员，你以过硬的素质、顽强的精神、优异的表现，为这次任务的圆满完成，为我国载人深潜事业的发展作出了重要贡献！作为从山西晋城走出的潜航员，这是晋城人民的骄傲，是山西人民的骄傲，家乡人民为你感到自豪！

希望你再接再厉、奋发进取，在向深海大洋领域迈进的征程中再立新功，为载人深潜事业作出新的更大贡献！

祝你及家人身体健康、工作顺利、阖家幸福！

中共山西省委（及印章）　　山西省人民政府（及印章）

2012 年 7 月 3 日□□□□

【简析】

这则例文是由组织发给个人的慰问信，是对个人在工作中做出重大贡献的肯定和慰问。标题首行居中写明“山西省委省政府致刘开国及家属的慰问信”，正文按照慰问缘由、肯定工作、提出勉励三个部分，陈述了慰问内容，既表达了对工作的肯定，又提出了希望和要求。全文简明清晰，层次清楚。

第三节　请　柬

【学习目标】

1. 理解请柬的内容要素
2. 掌握请柬的写作规范

一、请柬的认知

请柬者，“释庄重之礼也”。

请柬，又称请帖，是党政机关、企事业单位、社会团体和个人在组织会议、庆典、商务宴请、婚丧嫁娶等重要活动和场合，为了表示对活动的重视和对邀请对象的尊重而发出的礼仪性文书。

现在通行的请柬一般有两种样式：单帖和双帖。单帖由单面纸书写，一般由标题、称谓、正文、结语、落款构成。双帖一般是折叠式，封面有“请柬”二字，封里由称谓、正文、结语、落款等构成。

二、请柬的写作

请柬通常由标题、称谓、正文、落款四部分组成。

（一）标题的写作

请柬的标题通常用“请柬”或“请帖”即可，也可以写成“活动名称+请柬”。如：

重庆市十届大学生运动会开幕式请柬

（二）称谓的写作

请柬的称谓通常为被邀请的组织或个人的名称，邀请对象如是个人，名称前可使用“尊敬的”作为修饰语，名称后可使用“职务/职称”“先生/女士”等词语。邀请对象如是组织，要注意统称的准确性。

（三）正文的写作

请柬的正文通常包括事项、邀请语、要求三部分。

“事项”可以用“为”引出，或直接用“谨定于”“兹定于”引出活动、时间、地点等信息。写作时要注意精确、详细，时间不仅要写清年、月、日，还应写明上午或下午，而且要精确到时分，地点要精确到街道、楼层、宴会厅等信息。

“邀请语”紧密衔接事项，一般用“敬请光临”“恭候大驾”“敬请届时出席”等敬语。

“要求”可有、可无，一般是对参加活动注意事项的说明，如“每柬一人”“携伴参加”“请着正装”等，如有必要，还应附上路线图。

（四）落　款

请柬的落款署邀请人姓名，可于名称后加“敬上”“敬邀”等表达敬意、诚意的词语，不可以使用代称。署名后写成文日期，成文日期一般使用汉字，以示庄重。

三、请柬的写作要求和使用礼仪

请柬的语言应该做到“词雅语美”。请柬的语言要能显示邀请者的郑重态度和对被邀请者的尊重，因此在准确、简洁的基础上，还要追求雅致、精美，要善于使用敬辞谦辞，同时不必拘泥于现代汉语，可以适当选择仍在使用的文言词汇表情达意。

为增加喜庆、雅致的色彩，请柬要注意款式和装帧的艺术性，可以设计一个精美大方的封面，也可以选择印制精美的请柬填写内容。

请柬的邀请日期至少提前三天，以示庄重和尊重，不可临时呈递请柬。

请柬应尽量当面递送，以表达邀请的诚意。如不能当面赠送，在口头邀请对方的前提下，可以邮寄，如果请柬是放入信封的，注意信封不可封口。请柬最好不托人转交。

请柬可以附上回帖，以确认对方能否出席。对应邀人而言，无论能否赴约，都应以书面形式告知邀请人。

请柬不可强制要求宾客参加。请柬中不能出现“务必出席”“准时参加”“过时不候”等字样。

例文简析

【例文 1——请柬】

请　柬

尊敬的李××先生：

兹定于二〇二〇年十月十日上午九时在本公司会议室（广州市白云区枣园西路信达大厦四楼 403 室）举行新产品鉴定会，敬请您光临指导。

此致

敬礼

广州隆盛节能环保科技有限公司（及印章）

2020 年 9 月 30 日□□□□

【简析】

这则例文是由单位发出，邀请个人参加会议的请柬。标题直接首行居中写明文种，称谓为个人全名，正文以“兹定于”开头，写明会议具体的时间、地点、内容。结语致敬语后不加标点。落款为单位全称，邀请日期考虑了十一假期，提前了足够的时间，表达了邀请人的尊重之情。全篇语言简练、准确。

【例文 2——请柬】

请　柬

尊敬的李×董事长：

衷心感谢您一直以来对我公司的关心支持和帮助，值此辞旧迎新之际，我公司定于二〇一九年十二月二十九日十八时在杭州西湖区希尔顿酒店五楼宴会厅举行新年庆祝晚宴。诚邀您届时参加，并恭请您在晚宴上致辞，不胜荣幸！

敬候您的光临，恭祝您新年顺意！

此致

敬礼

浙江宏腾商贸有限公司 董事长赵××诚邀

2019 年 12 月 24 日

【简析】

这则例文是由单位主要负责人作为主邀请人发出，邀请个人参加宴会的请柬。标题首行居中写明文种，称谓为“姓名 + 职务”，正文写出了活动目的、主办单位、内容、形式、时间、地点等，文末写明了特殊要求，言辞恳切而真诚。

【例文 3——请柬】

重庆电视台元宵晚会

请　柬

灯火万家，良宵美景，笙歌一曲，盛世佳音。值此元宵佳节之际，诚邀您到场参加我台元宵晚会的录制，恭候您的光临！

时间：二〇一九年二月十五日十九时三十分

地点：重庆电视台一号演播厅

特别提示：本请柬每柬一人，请正装出席

接待电话：×××-×××××××××

重庆电视台（及印章）

2019 年 2 月 5 日□□□□

【简析】

这则例文是由单位发出的请柬。标题采用“活动名称 + 请柬”的方式，由于此类请柬的邀请对象为大型活动的一般参与者，所以称谓部分可省略。正文依次罗列出活动的时间、地点、内容和提示，各部分顺序合理，表达清楚。

【课外拓展——礼仪文书常用词汇】

礼仪文书常用词汇

场　合	用　语
谦辞敬辞	在下、鄙人、舍妹、寒宅、拙著、犬子、薄礼、管见 大名、仁兄、令堂、令爱、阁下、足下、惠顾、高论
书信开头语	惠书尽悉、情意拳拳、谕书敬读、不胜欣慰、得书之喜、旷若复面 顷接手示、如见故人、得书甚慰、千里面目、见信如晤、如握、拜启

续表

场　合	用　语
致歉语	迟复为歉、音问久疏、抱歉良深、歉疚殊深、至感不安
结束语	临书仓卒、书不尽意、余言后叙、匆此先复、余后再禀、敬候回谕
寿诞用语	延年益寿、福寿无量、春秋不老、乐享余年、老当益壮、福如东海、寿比南山、松鹤延年、青松不老、福寿同享、福寿康宁
婚礼用语	珠联璧合、心心相印、花好月圆、幸福美满、百年好合、白头偕老、天长地久、同心永结、琴瑟和鸣、佳偶天成、喜结良缘、伉俪情深
升迁用语	前程似锦、扶摇直上、独占鳌头、前途无量、鹏程万里、马到成功
送别用语	一路顺风、一帆风顺、福星载道
丧唁用语	溘然长逝、驾返瑶池、永垂不朽、千古长存、蕙折兰摧、勉节哀思

第5章

求职类文书

第一节　求职信

【学习目标】

1. 理解求职信的概念和特点
2. 掌握求职信的结构和写法

一、求职信的认知

求职信，是求职者为求取某个职业、职务，向用人单位或相关领导介绍自己的专业技术水平、能力特长等信息，申明求职意愿、阐述求职理由、表达求职期望的书信文书。

求职信可以用来展示求职者的才干、能力、资格，可以用来突出求职者的实绩、专长、技能，最终用来搭建求职者与用人单位之间的沟通桥梁，因此带有一定的公关要素与公关特色。

求职信具有针对性、自荐性、真实性。

针对性。针对性指求职信需要切实了解用人单位的需求、读信人的心理，准确地把握求职目标，在向用人单位介绍自身情况、阐明求职理由时必须全面考虑这些因素，进行有针对性的概括和展现，围绕用人单位所需，表述求职者所有。

自荐性。自荐性指求职者撰写求职信的目的是向用人单位进行自我推荐，因此需要求职者向用人单位展示自己的“德”“识”“才”“能”，使用人单位了解自己，引起用人单位的兴趣，达成自己的求职目的。这就要求求职信的写作必须客观、同时正面地肯定自我能力和素质。

真实性。真实性指求职信推介内容需真实、客观地呈现求职者的能力、水平和才华，具体可以体现在材料的真实和表达的真实两个方面。材料真实是求职信最基础的要求，求职者必须基于真实的经历、体验撰写求职信，绝对不得虚构履历。在材料真实的基础上，求职者还需要进行客观真实的评价，展现真实的能力和素质。

常见的求职信种类有自荐信和应聘书两种。

自荐信。自荐信常撰写于求职者知晓用人单位具体要求之前，主要通过展现个人经历经验、现有条件、爱好特长、潜能素质等方面内容，建立与用人单位之间的联系。

应聘书。应聘书常撰写于求职者知晓用人单位发布的招聘信息和其他相关信息之后，需要围绕用人单位的招聘条件，有针对性地介绍自己的知识水平、工作能力等信息，具有较强的目的性和被动性。

自荐信和应聘书在写作格式和内容上基本相同，但内容的侧重点有所不同。应聘书的针对性更强，必须依照用人单位的招聘条件有针对性地介绍自己。

二、求职信的写作

求职信属于书信文体，与书信的写作格式基本一致，通常包括标题、称谓、正文、落款、附件五部分构成。

（一）标题的写作

求职信的标题应醒目、简洁，可直接用文种作为标题。如：“求职信”“自荐信”“求职书”等。

也可以参考党政公文标题，采用“求职者+岗位+文种”的形式。如：

×××关于总经理助理的求职信

×××关于教学办秘书的自荐信

（二）称谓的写作

称谓可以使用用人单位名称，或联系人、负责人姓名加职务。写用人单位时要注意称谓的准确性，可以使用全称以示尊重。写联系人或负责人时，要注意职务、身份的准确性，可选用“同志”“老师”“院长”“先生”“女士”等词语。

（三）正文的写作

求职信的正文一般由问候语、求职缘由、本人情况、胜任能力、希望和要求、祝颂语六部分构成。

1. 问候语

问候语是对收信人礼貌的表示。称谓下一行空两格，一般写“您好”即可。如果收信方是某单位的话，可省略问候语。

2. 求职缘由

求职缘由一般需具体明确、简明扼要地写清信息来源、求职意向、求职职位等。如：

在贵公司网站看到招聘信息，我很适合贵公司××岗位××一职，谨向您做一下自我推荐。

如果目标公司目前还没有招聘新人计划，也可以写一封自荐信去投石问路。如：

久闻贵公司实力不凡，据悉贵公司欲开拓省外市场，故冒昧写信自荐，热切希望早日加盟贵公司。我的基本情况如下。

3. 本人情况

主要介绍求职者姓名、性别、年龄、学历、爱好、特长、实践或工作经历等。爱好、特长、实践或工作经历的写作要提高针对性，尽量选择与目标职位素质密切相关的材料，并按照关联度进行写作。

4. 胜任能力

主要介绍求职者能胜任本岗位工作的条件，是求职信的核心部分。重点包括个人能力、专业技能，与工作要求符合的专业知识、社会实践经验，与工作要求相关的特长、兴趣、性格、能力等，传递出自己具有胜任工作的素质、录用和培养价值等信息。

5. 希望和要求

向用人单位提出希望和要求，希望用人单位能予接纳、恳请对方给予回复等。如："盼望您的回复""静候佳音""如蒙赐复，不甚感激!"。

6. 祝颂语

正文结束后宜写上表示礼貌谦恭的祝颂语，祝颂语的写作要注意符合对方和自身身份。如"此致敬礼""愿贵公司鹏程万里，事业发达"等。

（四）附　件

为保证求职信正文简洁明了，有些内容宜用附件形式予以补充体现。附件主要包括个人简历、成绩表、考试等级证书、毕业证、学位证、荣誉证书等能体现求职者素质的材料。

（五）求职信的写作要求

1. 准确定位

准确定位自己，是求职成功的关键。要明确个人基本条件，坚持从实际出发，谋求与自己相符的岗位和职务。针对求职岗位和职务的要求，着重阐述自己所具备的与岗位要求相关的专业知识、工作经验、专业技能等。

2. 实事求是

客观真实介绍自己，是求职目的达成的基础。多途径多角度搜集用人单位的信息，并与自己的专业特长、适应能力、兴趣爱好等相比照，不弄虚作假，不随意夸大，增强求职的针对性，争取被录用的机会。

3. 立意新颖

吸引招聘者是求职目的达成的前提，求职信要富有个性，立意新颖，不拘泥于通俗写法，精心策划结构布局、内容安排，以独特的语言和精心的设计，引起招聘者的注意和兴趣，才能有助于实现沟通，传递信息。

4. 言简意赅

求职信行文要简洁，篇幅不宜太长，只要能准确、通畅、有序地表述自己的求职愿望和求职理由即可，切忌面面俱到。语言应精雕细琢，遣词造句要力求规范，条理清晰，层次分明。

例文简析

【例文 1——求职信】

自荐信

尊敬的领导：

您好!

我是来自××大学会计专业的×××。很荣幸有机会向您呈上我的个人资料，在投身社会之际，为了找到贴合自我专业和兴趣的工作，更好地发挥自我的才能，实现自我的人生价值，谨向您作一次自我推荐。

家乡山东纯朴的风土人情造就了真诚细致的我，努力进取是我的信念，我在大学期间积极参加各种社会实践活动，担任班级班长、学习委员等多个职位，从中我不仅仅认识到了团队精神的重要性，同时我还学会了如何与人交流沟通。我的大学生活很充实，大学是我人生的转折点和飞跃点。

在大学期间，我既注重基础知识的学习，又注重个人能力的培养。在学校严格的教益和个人的努力下，我具备了扎实的会计专业基础知识，全面系统地完成了包括财务会计、预算会计、成本会计、管理会计、会计信息系统在内的一系列会计专业课程的学习；具备英语听、说、读、写、译能力；熟悉计算机基本操作和常用软件操作；了解对外工作的基本礼仪。同时，我利用课余时间广泛阅读各类书籍，开拓视野，增长见识，培养多方面技能，紧跟时代的步伐。

此外，我还多次利用寒暑假等时间走出校门体验生活，从事了几份性质不一样的兼职工作，让自己近距离接触社会，感受生活，学习与人沟通相处之道，为能在真正走出社会后尽快适应社会新环境做好准备。在校担任班委职务期间，我积极配合学校教师下发的任务，认真尽责地完成，繁忙的工作让我学会如何更好地为他人服务，让我懂得如何高效优质地完成工作，让我得到宝贵的组织管理策划经验，让我的口才与胆识得到良好的锻炼。

贵单位供给的就业机会将会是我多年来所受教育与锻炼的施展平台，我殷切地期望能够在你们的带领和指导下，为这份事业，为你们贡献我的一份力量，根据我的学习和实习经历，我有信心做好这份工作，同时我也相信自己在以后的工作生活中能够切实地发扬团队精神和吃苦耐劳精神，在工作的过程中不断提升自我，发挥专长，实现人生价值。机会留给有准备的头脑，我已经做好准备了，所以我完全有信心有能力胜任这一岗位。期望你们能给我这样一个机会，接收我的求职请求。

衷心祝愿贵单位事业发达、蒸蒸日上！

此致

敬礼

×××

2020 年 4 月 30 日

【简析】

这是一个即将走向社会的应届毕业生所写的自荐信。正文首先说明了求职应聘的缘由是为了找到贴合自我专业和兴趣的工作，更好地发挥自我的才能，实现自我的人生价值。其次，对自身所具备的专业技能、特长做了比较全面而扼要的介绍。自荐中充满自信，洋溢着青春朝气，充满对未来职业的美好憧憬和期盼。语言表述与年轻学子的身份特点相吻合。语言通俗简明，篇幅适当。

【例文 2——自荐信】

自荐信

尊敬的×校长：

您好！在贵校网站上看到招聘语文教师数名，我认为自己能够胜任这一岗位，感谢您在百忙之中审阅我的求职材料。

我是××师范大学汉语言文学（师范）专业 2021 届的应届毕业生，我热爱教师这份职业并为其投入了很高的精力和热情。我渴望成为贵校教师队伍的一员，诚盼领导予以重视，考察为谢。

作为新世纪的大学毕业生，我充分认识到教师优秀的综合素质、丰富的实践经验以及良好的团队精神对一个学校生存和发展的重要性。因此，四年里，我主动寻求各方面的锻炼，不断地提高自己、充实自己、完善自己。学业方面，我以端正的学习态度完成了本专业所有的课程的学习，使自己的专业知识更加扎实。此外我还积极参与学生工作，并通过各类社会实践活动及教育实习锻炼自我。四年的大学生活和实践经历，铸就了我踏实、稳重的工作作风，增强了我的责任感、集体荣誉感及服务精神，并提高了我的教学技能。

大学期间，我不断努力进取，曾于 2019—2020 年度获得国家励志奖学金，普通话水平达到一级乙等，并取得了英语四六级及国家计算机二级证书，取得中小学心理健康教育C级证书。

“自强不息”是我的奋斗动力，“勇攀高峰”是我的人生态度。不求安逸生活，用自己所学干一番事业，我愿与大家一起铸造学校事业的大厦。如蒙录用，定当勤勉做事，不负众望。切盼贵校的回音。

最后祝贵校桃李满天下！

此致

敬礼！

自荐人：×××

2021年2月28日

【简析】

这是一个应届师范生的自荐信。第一、二段高度概括地介绍了信息来源、自荐动机。第三段结合大学生活陈述自身能力和素养，围绕岗位性质进行了详细的胜任能力描述。第四段结合资格证书强调能力的全面性和可信性。第五段再次表明自己的求职意愿。全文陈词恳切、目的清晰、符合自荐信的写作要求。

第二节　简　历

【学习目标】

1. 理解简历的概念和特点
2. 掌握简历的结构和写法

一、简历的认知

简历是对个人情况、学历、经历、能力、爱好、特长及其他相关信息所作的简明扼要的书面介绍，是求职者或在职员工在求职或转换工作过程中，向用人方证明自己具备某项工作资历与条件的一种专用文书。

简历具有真实性、针对性和选择性的特点。

真实性。简历是求职者给招聘单位的第一张“名片”，应该全面客观真实地反映自己的能力和履历，可以优化处理、突出强项、忽略弱势，但不可弄虚作假。

针对性。简历制作应清晰准确而有条理地表述个人各类信息，使用人单位快速且全面地了解求职者的经历、实力、优点、特长，特别是符合招聘单位急需的专门技术和特长。

选择性。简历内容要做到详略得当，重点突出，不宜面面俱到，要呈现最有价值的内容，尽量提供能够证明自己工作业绩的量化数据，能够证明职业能力的实践经历等信息。

按简历的内容构成，可分为一般性简历和定制的简历。一般性简历，指可以投递给任何一个招聘单位的简历，全面介绍自己的学历、经历、特长、优势、爱好、兴趣及其他有关情况。定制的简历，指求职者了解招聘单位和招聘岗位需求后，认真分析自身条件，在一般性简历的基础上，把自身所具备的、招聘单位所需的条件，作重点说明。

按简历的写作方式，可分为文字式简历、表格式简历、文字表格综合式简历。

按简历的呈现形式，可分为纸质简历和电子简历。电子简历有和纸质简历一样的电子版本，也有新形式的视频简历，即把求职者的形象与职业能力表述录制下来，进行直观视觉化呈现的简历形式。

二、简历的制作

（一）简历的内容要素

简历通常包括封面和正文两个部分构成。

1. 封　面

简历的封面要写清楚求职者姓名、单位即可。作为简历的门面，设计要精致、版式要美观、字体字号颜色要恰当适宜，图案文字搭配要相得益彰，以期给用人单位留下美好的第一印象。

2. 正　文

简历正文，通常包括标题、个人基本情况、学习经历、工作实践经历、其他信息。

（1）标题

简历标题一般顶部居中写“简历”“个人简历”“××的简历”等，也可以参考党政公文标题，写为“求职者+职位+简历”的形式。如：

×××关于××的求职简历

（2）个人基本情况

主要包括姓名、性别、年龄、籍贯、民族、政治面貌、学校、系别及专业，婚姻状况、健康状况、身高、兴趣爱好、联系地址及邮编、联系方式电话和 E-mail 等基本信息。

（3）学历情况

可按时间顺序写自己的学习过程。包括就读大（中）专学校、所学专业、所获学位、开设的主要课程及学习成绩以及相关的培训、特殊的训练等。

（4）工作实践经历

主要包括在校期间的勤工俭学经历，实习期间有针对性的工作实践，就业之后的工作实践，参加过的社会活动等，要注意突出主要才能、贡献、成果以及经验教训。

（5）其他信息

主要包括求职意向，个人的兴趣、爱好和特长，各种获奖，自我评价及人生理念，自己的理想和奋斗目标，个人资历的佐证人及其单位、联系方式等能够加深招聘单位对自己的印象和好感的信息。

（二）简历的编写原则

1. 目标明确，针对性强

明确的求职意向是简历的灵魂。因不同岗位的职业技能与素质需求各不一样，编写简历前要先确定求职方向，然后根据招聘单位的特点及岗位要求量身定制，制作出一份目标明确、针对性强的简历。

2. 内容真实，重点突出

简历客观真实表达个人经历，可以进行合理优化，但不能夸大能力业绩，也不能伪造学历经历。可根据自身的情况结合求职意向进行纵深挖掘，突出与目标岗位相关的个人优势，包括职业技能与素质及经历，尽量量化成果和能力，用数字和案例说话。

3. 格式清晰，层次分明

格式清晰的目的是方便用人单位阅读简历，因此排版时需要综合考虑字体大小、行段间距、重点内容等因素。同时要注意上下内容的衔接要合理，教育及工作经历可采用倒叙的表达方式，重点部分可放在简历最前面。

三、求职信与简历的区别

（一）文本结构不同

求职信的文本格式只能是信件。简历的文本格式可以是表格式，也可以是文字式。

（二）文本内容不同

求职信是求职者向用人单位介绍自己，申请某具体职业岗位的书面材料。简历是求职者说明个人基本情况、教育背景、工作经历以及成就的书面材料。

（三）求职目的不同

求职信是表述求职者的主观愿望，集中突出个人的特征与求职意向，从而打动招聘人员，是对简历的简洁概述和补充。简历主要叙述求职者的客观情况。

例文简析

【例文 1——表格式简历】

<table>
<tr><td>姓 名</td><td>李××</td><td>性 别</td><td>男</td><td>民 族</td><td>汉族</td><td>籍 贯</td><td>广东顺德</td></tr>
<tr><td>出生年月</td><td>1996.12</td><td>政治面貌</td><td>中共党员</td><td>健康状况</td><td>良好</td><td>身 高</td><td>180cm</td></tr>
<tr><td>最终学历</td><td>本科</td><td>毕业时间</td><td>2018 年秋</td><td>毕业学校</td><td>中山大学</td><td>专 业</td><td>生物医学工程</td></tr>
<tr><td>固定电话</td><td colspan="3">××××××××</td><td>移动电话</td><td colspan="3">135××××××××</td></tr>
<tr><td>通信地址</td><td colspan="5">中山大学电子信息工程学院 14 级生物医学工程 2 班</td><td>邮编</td><td>528415</td></tr>
<tr><td>英语等级</td><td colspan="2">英语六级</td><td colspan="3">其他外语及掌握程度</td><td colspan="2"></td></tr>
<tr><td>计算机能力</td><td colspan="7">1. 能熟练使用 Microsoft Office 办公软件如 Word、Excel、PowerPoint 等；
2. 熟练掌握 C/C++语言编程，能熟练应用相关工具 Turbo C 2.0、Visual C++ 6.0a 进行应用程序和数据库系统的开发；
3. 熟悉 SQL 语言，熟悉 SQL Server2000 数据库，能熟练应用 C++ Builder 6.0 和 SQL Server2000 构建 C/S 结构数据库系统，有数据库系统设计方面的应用程序开发经验；
4. 熟悉软件工程思想，了解网络原理知识并熟悉网络协议 TCP/IP 协议</td></tr>
<tr><td>个人爱好</td><td colspan="7">体育运动、文艺活动等</td></tr>
<tr><td>获奖及成果</td><td colspan="7">第四届“挑战杯”湖北省大学生创业计划大赛银奖</td></tr>
<tr><td>社会活动(包括个人任职情况)</td><td colspan="7">1.从 2014 年 9 月至今，担任中山大学电子信息工程学院 2014 级 2 班团支部书记，成功协调和组织班内同学开展各项集体活动，有效促进了班内同学之间的交流，并成功组织班内同学开展各项集体活动，协助辅导员老师成功开展学生工作，组织班内同学参加党校学习，协助年级分团委、年级党支部考察入党积极分子等。
2. 在 2016 年 4 月到 2016 年 6 月期间，参加了第四届“挑战杯”湖北省大学生创业计划大赛，在团队中负责市场营销部分，并在武汉市内进行了相关的市场调查。
3. 2017 年在 LG 公司有一段时间的电脑销售实践；2017 年暑假期间，当过广西贵港市联想电脑销售代表。</td></tr>
<tr><td>求职意向</td><td colspan="7">电脑销售工作</td></tr>
</table>

【简析】

表格式简历是目前毕业生求职中使用最多的一种简历格式。其优点在于内容清晰，便于阅读。本简历在设计上重点突出个人计算机能力，有针对性地匹配电脑销售工作这一求职意向，格式简明，重点突出，有较强的针对性。

【例文 2——文本式简历】

简　历

个人信息：

- 姓名：××　　　　性别：男
- 籍贯：××　　　　民族：汉
- 生日：1996 年 7 月 5 日　　　　年龄：24
- 身高：182 cm　　　　体重：80 kg
- 联系：×××××××××　137×××××××××　×××××@163.com

学习经历：

2002—2009 年	小学	××中心小学
2009—2012 年	初中	××初级中学
2012—2015 年	高中	××实验中学
2015—2019 年	大学	××大学

工作经历：

2015 年 7 月—2015 年 8 月，在金华现代电脑城，从事电脑销售、维修、售后等工作，同期取得省二级计算机上岗证。

2016 年 1 月—2016 年 2 月，在中国平安人寿保险金华支公司，负责行政后勤、人事招聘等工作，并在同期获职业经理人培训资格。

2016 年 7 月—2016 年 8 月，在浙江天使国际汽车服务有限公司工作，市场营运部，主要负责公司广告用品制作、宣传用品印刷、部门人才招聘等。

2017 年 7 月—2017 年 8 月，在浙江奥托康特种生物开发中心工作，总经办主任助理，主要负责公司行政、人事、策划、外联等工作。

电脑技能：

- 学过计算机应用基础、数据库原理、操作系统、计算机网络与应用、VC++、SQL Server2000、软件工程。
- 能进行电脑硬件、软件的安装以及局域网的维护。
- 熟悉各类操作系统，并熟练运用 Word，Excl 及其他 Office 系列办公软件。
- 熟悉 Dream weaver 网页编辑软件的使用。
- 熟练地运用 SPSS11 统计软件进行数据统计。
- 熟练操作 OFFICE 等办公软件。

个人特长：

- 善于沟通，有较强的组织协调能力，在工作过程中能独当一面。
- 具有计划、统筹等管理经验。
- 工作作风精干、自信、有长远整体的工作把握能力。
- 良好的仪表和语言表达能力。

应聘岗位：

管理（行政、人事）主管、策划营销、内训讲师

结束语：

我相信“选择一家企业，就是选择一种生活”，我非常喜欢贵公司的“生活”，诚心希望能给我个一展所长的机会！

【简析】

该简历依次包括个人信息、学习经历、工作经历、电脑技能、个人特长、应聘岗位、结束语七部分。简要呈现个人信息和学习经历等信息，针对用人单位较关注的过往工作经历、电脑技能和个人特长进行了较为详细的呈现，同时，相关内容的表述与所求目标岗位有较强的关联性，体现了求职者的思考与重视。整个简历做到了详略得当，重点突出。

第三节　竞聘演讲稿

【学习目标】

1. 识记竞聘演讲稿的概念
2. 理解竞聘演讲稿的特点
3. 掌握竞聘演讲稿的结构和写法

一、竞聘演讲稿的认知

竞聘演讲稿是竞聘者在竞聘场合向与相关人员公开发表的、阐述个人竞聘条件、竞聘优势、对竞聘职务认识、被聘任后的工作设想的工作文书。

竞聘演讲稿具有目标明确、材料实用、思路清晰的特点。

目标明确指竞聘演讲稿应主题单一、重点突出。竞聘者要直接明了地说明自己所要竞聘的目标，尽其所能地展现自身所具备的条件和优势，使自己竞聘成功。

材料实用指竞聘演讲稿所选材料既要符合实际，又要对自己竞争有利。无论讲自己所具备的条件还是谈任职后的构想，都要从自我出发、从实际情况出发，让自己的

构想在现实中发挥作用、取得效果。

思路清晰指竞聘演讲稿的内容有既定的顺序，一般先介绍竞聘职务和缘由，然后简洁介绍个人情况，重点介绍个人优于他人的竞聘条件，其次提出假设任职后的工作设想，最后表明决心和请求。

二、竞聘演讲稿的写作

竞聘演讲稿通常由标题、称谓、正文三部分构成。

（一）标题的写作

竞聘演讲稿的标题可以采用三种形式：公文式标题、文章式标题，双标题。采用公文式标题时可以由“竞聘岗位+文种”构成。文章式标题是对态度和主旨的概括，双标题的优势是综合公文式标题和文章式标题两者的长处。如：

学习部部长竞聘演讲稿

全心全意为师生服务——学生会主席竞聘演讲稿

（二）称谓的写作

竞聘演讲稿的称谓应根据现场实际情况确定，要尽可能涵盖所有听众，同时要考虑不同身份职务的排列顺序。如无法事先确定听众，可用统称，如“尊敬的各位领导”等。

（三）正文的写作

正文通常由开头、主体、结尾三部分构成。

1. 开　头

竞聘演讲通常有时间限制，开头应简明扼要地指出所要竞聘的岗位（职务）名称。常见的开头有：感谢法，即用诚挚的语言表达自己的谢意；简要介绍法，即简要介绍自己的有关情况；表达心情法，即用参加竞选时的心情作为开头。

2. 主　体

竞聘演讲稿的核心内容，主要包括个人优势、自身不足和任职后打算。

个人优势。说明“为什么要竞争”和“凭什么竞争”的问题。竞聘者在介绍自己的情况时，一定要有针对性，围绕竞选的岗位（职务）的性质和需求来介绍自己，结合竞选岗位（职务）的性质和需求进行相应取舍并展开表述，尽可能全面地、有力地展现自身实力和优势。

自身不足。对自身不足的陈述可以体现竞聘者实事求是的态度。自身的不足应注意表达的艺术性和策略性，对不足的介绍要注意分寸和方法，将不利变为有利。

任职后打算。用简明扼要的语言亮明自己的观点，围绕听众关心的热点、难点问题，提出明确的工作目标和切实可行的措施，获得听众的信任和支持。

3. 结　尾

好的结束语能加深听众对竞聘者的良好印象，有利于竞聘的成功。竞聘演说稿常见的结尾方式有提出希望、表明态度和表达信心几种方式。

表明希望得到听众的支持、帮助。如：

> 各位领导、各位评委，请相信我，投我一票，我将成为一名合格的××。

表明自己对竞聘成败的态度。如：

> 如果我成功竞聘为××，我将认真履行职责，如果失败我将会继续努力。

表明自己对竞聘上岗的信心。如：

> 我相信，凭借我的政治素养，我的工作热情，我的管理经验，我一定会把××工作做好。请给我一个机会，我绝对不会让大家失望。

（四）竞聘演讲稿写作注意事项

1. 寻找岗位（职务）和自身优势的契合点

写作竞聘演讲稿前应对竞聘岗位（职务）和自身优势有充分的理解和把握，在表述竞聘意愿后，认真设计竞聘条件，融入自身优势，把岗位（职务）的要求和自身优势有机结合起来。

2. 突出自身亮点形成独特优势

竞聘演讲的主要目的是在所有竞聘者中脱颖而出。在写作竞聘演讲稿时需要突出自身亮点，体现自身优势。这就需要对竞争对手进行充分分析，因为只有这样才能从中找出自己的优势所在，将这些优势化为亮点，提高竞聘成功率。

第6章

论文类文书

论文写作是当代大学必备的写作能力，是对学生知识素养、思维运用、理论水平、表达能力等素质的综合检验。

结合当代大学生需求，本章选择了和大学生发展关系最为密切的两个文种：开题报告、学术论文。同时，根据教材编写面向当代大学生的定位，以及提高当代大学生应用文写作能力的宗旨，本章节内容主要针对本科生群体，开题报告、学术论文的讲解均以满足本科生写作需求为目标。

第一节　论文选题

【学习目标】

1. 掌握论文选题的原则
2. 了解论文选题的方法

尽管“论文如何选题”并不属于应用文写作的范畴，但选题却是论文类文书写作的前期基础。如果没有确定选题，开题报告的撰写、毕业论文的写作、学术论文的写作都无从谈起。如果不能掌握论文选题的原则，不能运用正确的方法进行选题，甚至可能选择一个“伪命题”，导致前功尽弃。

一、论文选题的原则

选题，就是选择论文的论题，也即确定论文所要研究和论证的问题。选题是论文撰写非常重要的前期工作。选题可以直接决定论文的研究对象、研究方法、研究内容，选题还可以间接决定论文的研究思路、研究结论。选题的质量与论文的质量密切相关，对某些选题而言，选题的质量直接决定了论文的质量。

论文的选题不等于论点。选题是确定研究和论证的对象，论点是研究和论证的结果。因此选题不可以结论先行，预设了结论再展开研究和论证有违研究的科学性。

（一）选题的创新性

任何选题都必须具有创新性。创新性是所有研究的生命和使命，任何研究必须有新的发现、新的方法、新的观点产生。根据学生学历、能力的不同，创新性的要求可以适当进行调整，但没有任何创新性的选题是不存在研究意义的，从根本上是站不住脚的。

选题的创新性可以体现在以下几个方面：

一是紧扣学术热点。学术热点指的是相关学术领域正在密切关注的、尚未形成共识性结论的热点问题。某一问题之所以成为“热点”，本身就暗含两个信息：一是问题具有研究价值，二是问题尚未形成定论，可以就该问题发表个人的观点。

二是服务现实需求。服务现实需求主要针对应用性研究，指的是针对国家、区域、学科领域存在的现实性问题，通过自己的研究提出可供借鉴的方法和建议，从而有助于现状的改进和问题的解决。

三是运用新理论。新理论主要针对"旧"的、已经被研究较充分的研究对象和话题，因为新理论的出现可能提供新的解读方式、解决方式，将新理论与"旧"的研究对象进行推陈出新，形成新的发现，进行新的解释，得到新的观点。

四是寻找新角度。新角度和新理论一样，都是针对"旧"的、已经被研究较充分的研究对象和话题，寻找一个前人未展开过的新的解读角度，从而形成新发现、新观点。

五是新发现与新结论。新发现和新结论是指就某一选题，能够科学地、自圆其说地提供新的发现和结论。新发现和新结论常常需要借助新理论和新角度，但针对某些实验性的研究、现实性的选题、前人不充分的研究，也可能在没有新理论和新角度介入的情况下得到新的发现和结论。

总之，选题的创新性可以通过很多方式体现出来，对一些"新"的问题、对象展开研究本身就是创新的体现。对一些"旧"的选题，也可以通过特定的方法推陈出新。所以，最关键的是需要研究者对研究对象、研究话题及其相关研究有准确的、充分的了解，这样才可能真正出"新"，否则可能自以为新、实则陈旧。

（二）选题的可行性

创新性不是确立选题的唯一标准，并非所有具有创新性的选题都可以成为选题。在满足创新性之外，选题还必须具有可行性。

选题的可行性体现在以下几个方面：

一是选题大小合适。"大小"是根据研究者学历、能力对研究对象和研究问题的判断。研究者在思考选题时，要根据自己的水平选择合适的研究内容和对象，选题过大会导致不能在限定时间内完成研究，选题过小会导致达不到相应的要求。多数高校对本科毕业论文的字数要求是 1 万字以上，硕士毕业论文是 3 万字以上，不同期刊对刊发论文也有字数要求。因此研究者要选择满足相应规定的选题，确保在相应的体例里体现出创新。

二是必须确保充分占有资料。论文写作不是闭门造车，必须保证占有充分的资料。研究者在思考选题时，必须判断自己是否能够得到真实、翔实的资料。尤其是应用性研究，和"以××为例"这种从个案切入的研究，如果没有资料的支撑，就是在"硬做"，导致整个研究失去意义。

概括起来，选题的可行性是对创新性的保障，只有当选题具有研究的可行性时，选题蕴含的创新性才能实现。如果一个选题只有创新性而没有可行性，就是"想象出来的创新"，无法使人认同。

（三）选题的科学性

选题的科学性是指选题要符合常识和逻辑。选题必须从现实而不是从想象出发。

选题必须是对现实问题的思考、对现实资料的分析。最难的并不是发现问题，而是判断这个问题是不是“真问题”，这就要求必须从现实中发现“真”问题、产生选题。谨防一味求新、求奇、拍脑袋定选题。

以上选题的创新性、可行性、科学性，是任何一个可以成立的选题必须同时满足的条件，三者相辅相成，创新性体现研究的价值和意义，可行性和科学性是创新性得以实现的保障。任何问题都必须经过以上思考，才可能被确定为论文的选题。

二、论文选题的方法

（一）旧题新做

旧题新做针对的是一些看似较陈旧的选题，通过借助新理论、新方法、新角度，赋予已经被进行相对充分研究的对象以新的研究可能。

（二）小题大做

小题大做针对的是某一些“小”选题，这类选题的研究对象较单一、研究视野较狭窄，但是因为问题的重要性、现象的代表性、影响或意义的深远等特征，同样可以通过对一个“小”的选题深挖、深究，进行有意义的研究，提出有价值的观点。

（三）大题小做

大题小做指的是针对某些较“大”的选题，如涉及国家战略和政策、代表性的社会现象、较大的学术热点等选题，研究者在确定大致研究方向后发现选题过大，超出了自己现有的能力水平，那么可以通过大方向、小角度的方式进行“大题小做”。常用的方法有：限定时间段、限定区域、限定群体、限定角度等方式。

三、论文选题注意事项

（一）兴趣的重要性与有限性

兴趣是选题非常重要的因素。绝大多数研究者在选题时会自觉或不自觉地融入自己的兴趣爱好，一个感兴趣的研究对象，本身就意味着研究者对这个方向的关注、了解、积累，如果能结合兴趣确立可以研究的选题，论文的写作过程就成为集兴趣和能力的提升于一身的过程。

但是，研究者也必须认识到兴趣的有限性。兴趣和成为选题之间并无必然的关联，感兴趣的话题、问题并不一定可以成为选题。这是因为我们对某些话题和问题的兴趣常常停留到感性的层面，并没有经过充分的分析和探究，尚未进入理性认识的层面，这些话题或问题可能并不具备成为选题必须满足的三个原则：创新性、可行性、科学性。只有当主观愿望（有兴趣、乐于研究、能发挥专业优势）和客观需要（选题的科学价值、现实意义、必备条件）相结合才能形成好的选题。

对兴趣重要性和有限性的认识，提醒我们在平时的生活、学习过程中要注重积累、积极追问，因为追问可以迫使问题的本质浮出水面，还可以迫使我们对问题的认识从感性上升到理性层面。只有上升到理性认识的层面，才可能成为研究的选题。绝对不能仅凭“感兴趣”就确立为选题。

（二）贴近学术热点的分寸

贴近学术热点是非常重要的选题方法。当代大学生不应该将自己禁锢在象牙塔之内，所有的学问最终都要落实到现实中去，贴近学术热点、就当下热点展开自己的思考、发表个人的观点是当代大学生关心现实、干预现实的体现。

但是，大学生在贴近学术热点进行选题时必须注意以下问题：

一是要选择适合自己的角度和范围。学术热点常常是庞大的、变动的、争议性的话题，面对这样一个复杂的问题，如果不能选取适合的角度和范围进行选题，就会导致研究的结果“大而空”“浅而白”。

二是要对学术热点有理性的认识。不能仅仅因为是热点就拿来作为选题，而应该是对热点有更深入的理性认识而形成选题。这就要求研究者围绕热点搜集资料、整理资料、重点分析重要资料，并进而形成理性认识。

（三）标题的拟制要求

标题的拟制应满足“准确、规范、清楚、简洁”四个要求。

“准确”是指标题不可以有歧义。标题必须是对研究问题、或研究对象、或观点的准确概括。标题必须有且只有一种理解。

“规范”是指标题的表述要符合相应的学术要求。标题要体现学术论文庄重性的特点，论文标题慎用反讽、双关等修辞手段，慎重选择“浅议、小议、浅谈、略论”等词语。

“清楚”是指如果标题是对研究对象或研究问题的概括，那么对研究对象、研究问题的概括要清楚、明确，如果是对观点的概括，也要做到清楚、明确，不可以含混、朦胧。

“简洁”是指在满足“准确、规范、清楚”的要求后，标题要尽可能简短，最好不要超过 22 个字。

（四）选题是一个反复的过程

学术能力的培养和提升是一个漫长的过程，因此论文的写作是对研究者综合能力的检验。我们在生活、学习过程中会无数次面对纷繁的现象、复杂的问题，从产生灵感的火花、思想的碎片开始，会有无数次产生“这个可以作为论文选题”的念头。但是，从产生“念头”到确立“选题”，中间还有很长的距离。学术能力的证明绝不仅仅是学术成果的展现，还体现在无数次对自己肯定与否定的过程里。只有在几次念头的产生、念头的否定、问题的调整、再否定、再产生、再修改之后，才可能找到“真”问题，确立“好”选题。因此，选题是一个反复的过程，是一个不可以被代替的过程。

第二节　开题报告

【学习目标】

1. 了解开题报告各要素的作用和相互关系
2. 掌握文献综述的写作方法
3. 了解研究内容的写法

一、开题报告的认知

（一）开题报告的概念

《党政机关公文处理工作条例》规定：报告是“适用于向上级机关汇报工作，反映情况，回复上级机关询问”的公文。从报告功能的角度，“开题报告”可以作为“报告”的一种特殊类型：

文　种	报　告	开题报告
主体的不同	发文机关	开题人
对象的不同	上级机关	参与开题的专家、学者、同行
功能的不同	汇报工作	汇报关于选题已经完成的工作
	反映情况	反映对选题的掌握情况
	回复上级机关询问	答复专家、学者、同行的提问

开题指的是开题者把自己所选课题的概况向有关专家、学者、同行进行陈述，由他们对科研课题进行评议和提问，最后确定是否批准这一过程。

开题报告是开题者为了开题提供的对科研课题进行说明的文字性材料。

按照学位等级，开题报告可以分为本科毕业论文开题报告、研究生（硕士、博士）毕业论文开题报告、博士后进站开题报告。按照类型，可以分为论文开题报告、项目开题报告。

（二）开题报告的结构

开题报告通常包括以下要素：选题目的和意义、国内外研究现状综述、研究内容、研究思路、参考文献。

选题目的和意义：重点解答**“选题有何价值”**，是对选题题目、研究目的、研究价值简短的、概括性的说明。

国内外研究现状综述：又简称“文献综述”，重点解答**“如何形成选题”**。是通过说明国内外研究取得的成果、指出存在的不足后提出研究者的选题。文献综述最能体现研究者选题形成的过程，同时体现研究者对相关对象的了解程度，是开题报告最重要的部分。

研究内容：重点在于**“选题如何展开”**。是在对国内外研究现状进行梳理并确立选题的基础上，展现研究者对选题的进一步思考，并通过初步提纲的方式呈现自己对如何开展研究的设想。

研究思路：研究思路是对研究内容的进一步阐释。是通过对研究的技术路线、拟采用的研究方法、拟解决的问题、拟实现的目标、研究的重点和难点等信息的说明，进一步展现自己对选题的理解。

参考文献：开题报告中的参考文献包含两部分：一部分是选题过程中已经阅读过的文献，一部分是在研究过程中即将参考的文献。一般来说，研究者应该尽可能在开题之前完成文献的阅读和整理。

（三）开题报告的特点

格式的规范性。开题报告是学生取得相应学位、项目负责人完成相应项目重要的过程性材料，是规范学术行为的重要手段，是学术严谨性的体现。因此，绝大多数学校会制定相应的开题报告模板，并对各要素的内容、字数等提出明确要求。开题者必须在相应位置填写相应内容，不得私自更改格式或要素，不得违反各要素的规定。

内容的逻辑性。根据开题报告类型、学位等级、各高校要求等不同，开题报告的模板会有一定程度的差异。但多数开题报告均包含以下内容要素并按照以下顺序布局：

要　素	功　能	前后关系
选题目的和意义	说明选题、研究目的、研究价值	总分关系
国内外研究现状综述	说明国内外研究取得的成果、存在的不足、并确立选题	递进关系
研究内容	说明选题展开的思路	递进关系
研究思路	说明选题展开的方法 拟解决的关键问题 研究的重点和难点	递进关系
参考文献	说明对学界研究的掌握情况	递进关系

开题报告的目的是使选题获得专家、学者、同行的认可，因此重点是展示自己对选题的充分思考。只有建立在严密的逻辑关系上，才能展现开题人对选题的掌握程度、研究设想，进而获得专家、学者、同行的肯定。

二、开题报告的写作

（一）选题目的和意义的写作

1. 选题目的

目的始于“问题”。“问题”可以是：现有研究的不足，研究对象的不充分、不全面；现有研究缺乏针对性、缺乏系统性；现有结论的不准确、不深刻，这些都可以是“问题”的体现。

研究对象的重要性。研究对象重要性本身就构成选题的目的，这种重要性可以体现在学界热点话题、重要作家作品、重要思潮流派、重要现象、或有较强的现实意义。

研究问题的争议性。针对某一对象、现象，学界观点存在争议或分歧、尚未形成定论。

研究问题的创新性。针对某一选题，寻找到新角度、新方法、新理论，新角度、新方法、新理论的出现可以产生新的结论。

2. 选题意义的写作

选题意义又称选题价值，可以分为理论意义和现实意义（或“理论价值”和“现实价值”）。研究意义要想表述准确，就需要对国家需求、区域需求、学科需求有充分的了解，选题和需求相结合进行表述。

一般来说，有理论意义的选题常常同时具有现实意义，因为理论最终是为现实服务的。但有现实意义的选题却未必有理论意义，因此针对某些应用性的研究，可能只有现实意义，没有理论意义。

如果选题既有理论意义又有现实意义，可以按照理论意义、现实意义依次表述。可以采用如下句式：

① 从××××角度对×××××进行研究，具有×××××的理论意义。
从××××角度对×××××进行研究，具有×××××的现实意义。

② 运用××××理论对×××××进行研究，具有×××××的理论意义。
运用××××理论对×××××进行研究，具有×××××的现实意义。

如果只有现实意义没有理论意义，或理论意义和现实意义之间区分度不明显，可以按照意义的层次逐条展开。如：

① 从××××角度对×××××进行研究，具有×××××的意义。

② 运用××××理论对×××××进行研究，还具有×××××的意义。

③ 从××××角度对×××××进行研究，是×××××的需要。

选题意义的表述，可以酌情使用“加深、深化、丰富、改进、提高、借鉴、参考”等词语。

（二）文献综述的写作

文献综述可以分为三部分：国外文献综述、国内文献综述、总评。

文献综述的写作目的：文献综述的目的是引出选题。文献综述要解决的核心问题是“选题如何形成”，也即“我的选题为什么可以研究”。对这个问题的解答必须从以下几个角度展开——前人对这个问题的研究到什么程度？前人取得哪些成果？前人的研究存在哪些不足？只有回答清楚这些问题，才能达到文献综述的目的——引出选题。

文献综述的写作方式：文献综述的方式是述评结合。

“述”是叙述，是对前人研究成果的叙述，包括哪些人、在什么时间、发表哪些成果、运用什么方法、提出哪些观点等。“述”时注意不要罗列文献，每一主题列出 3-5 篇代表性成果即可，详细概括那些研究创新点紧密相关的部分。

“述”后直接开始“评”。“评”是议论，是对前人研究成果的评价，包括研究的意义、观点的可取之处、存在的不足。“评”时必须要写实，要写出明确的、直观的评价。

只有先述后评、述评结合，才能呈现相关选题的研究脉络，通过对文献的梳理形成问题，是研究的开始。

文献综述的层次安排：文献综述时要分层次、按主题展开，要选择合适的角度对主题进行归纳，不能一两段概述到底，让对方去归纳和总结。这就要求研究者在充分阅读文献的基础上，对文献按照主题、阶段、关联性等要素进行归类，将同一类文献放在一个主题中进行述评。一般情况，文献综述可以归纳为 3～5 个主题。

归纳主题时还应注意各主题之间的逻辑关系：按照时间先后可以是历时性关系，按照与主题的关联性可以是递进关系，还可以按照主题、空间构成并列关系，总之必须按照一定的逻辑关系排列。

文献综述的顺序：先国外后国内，先早期后近期（历时性梳理），先概括后具体，先吸收后扬弃，最后必须点题。

文献综述要达到的水平：“述”必须条理清晰、客观中肯，“评”必须直接清晰、不可含混，最后整体达到避免过激、印证充分、引人入胜、产生共鸣的水平。

总评的写作：总评是文献综述的最后一部分，常常是一个自然段。总评就是对文献综述中“评”部分的内容进行概括、提炼，形成总体的、集中的评价。总评最能体现研究者对相关研究的态度，尤其是对研究不足和存在空间的理解，是对研究者选题的最后铺垫。因此总评最后一句常常采用如下表述：

这也是从××××角度对××××展开××××研究的原因。

正因如此，从××××角度对××××展开××××研究，就具有××××的意义。

二、国内外研究现状综述：

（一）国外研究现状综述

××××××××××××（段落中心句）。××××××××××××，××××××××××××。××××××××××××，××××××××××××，××××××××××××。

（二）国内研究现状综述

国内关于××××的研究，可以按照××××（时间顺序、关联程度、主题等）分为××××××××××、×××××××××、×××××××××三个方面。

1.关于×××××的研究

×××××××××××（段落中心句）。××××××××××××，××××××××××，××××××××××××。××××××××××××，××××××××××××××，×××××××××，×××××××××××。（述评结合）

2.关于×××××的研究

×××××××××××（段落中心句）。××××××××××××，××××××××××，××××××××××××。××××××××××××，××××××××××××××，×××××××××，×××××××××××。（述评结合）

3.关于×××××的研究

×××××××××××（段落中心句）。××××××××××××，××××××××××，××××××××××××。××××××××××××，××××××××××××××，×××××××××，×××××××××××。（述评结合）

综上所述，×××××××××××。××××××××××××，××××××××××××××，×××××××××，××××××××××。××××××××××××，×××××××××××，××××××××××，×××××××××。（总评）

（三）研究内容的写作

文献综述的作用是“点题”，通过对国内外相关研究的述评亮明自己的选题。研究内容是在文献综述之后“破题”，说明选题的研究对象、拟解决的问题、研究的过程、初步的观点等。大多数研究内容体现为提纲的形式，因此研究内容的写作主要体现在提纲的拟定。

研究内容的写作思路：提问是论文类文书写作最重要的能力，要想准确、清楚写出研究内容，必须学会提问。首先要问的问题是：选题要解决的核心问题是什么？通过确定核心问题确定研究目标。一个好的选题，就清楚地显示出其核心问题。然后要问的问题是：核心问题又可以拆分为哪些子问题？子问题是核心问题的具体体现，反映在提纲上，就是提纲的一级标题。

确定一级标题之后，可以继续针对一级标题进行“核心问题是什么”“核心问题又可以拆分为哪些子问题？”的提问，通过明确问题确定提纲的二级标题。如此逐级提问，就保证了研究内容逻辑明确、条理清晰。

提纲的写作要求：提纲的制定有一定的要求。在层级上，提纲应该尽可能详细，显示研究者对选题的把握和思考，因此至少要写到二级标题。在表述上，要辨析标题和思路的不同，提纲应该显示研究者初步的观点和结论，因此要使用结论性短语或句子，不能使用类似“从××××展开研究”这种表述。

论文提纲与教材目录：许多同学在大学之前没有学术论文写作的经历，因此在拟制提纲时，常常参考教材目录。要注意的是，学术论文和教材有针对群体的差异。教材多面向初学者，因此内容具有科普的性质，提纲常常从定义开始逐层展开。但学术论文面向的不是初学者，而是在相关领域有一定积累的专家、学者、同行，因此学术论文的提纲要围绕问题展开，除非是对争议性概念进行必要的界定，否则不能从常识开始列起。

（四）研究思路的写作

研究思路反映研究展开的逻辑流程，是继续“破题”的过程，体现关于研究内容细节性的思考。常常包括研究计划、研究方法、研究重点、研究难点等内容。

研究方法的写作：研究方法是研究过程中拟采用的方法。在写作时，不能仅仅写“×××方法”，而要将方法、对象相结合，进行具体化的表述。常常采用如下形式：

×××方法：通过×××方法，对××××（对象）进行××××（统计、文本细读、归纳……），解决××××问题。

（五）参考文献的写作

参考文献可以考察研究者的学术视野是否宽广，学术关注是否持续而前卫，参考文献要有代表性、权威性、时效性，显示研究者已掌握了该领域的学术动态。

参考文献要能印证研究者的文献综述，不能自相矛盾。同时，参考文献还需要注意文献的质量、与选题的关联性、排列的原则等要素。

第三节　学术论文

【学习目标】

1. 掌握学术论文各要素的写作要领

2. 了解学术论文的作用

一、学术论文的认知

（一）学术论文的概念

“学术”是指系统、专门的学问。学术论文就是表述科研成果，论证学术观点的理论文章。

学术论文是议论文中的高级形态。首先，学术论文不是一般的心得体会，而是作者在进行了系统研究的基础上，对所获成果的创造性论说。其次，学术论文与即兴式、随笔式的杂感、短论有明显的差异，对内容的体量、思想的含量有一定的要求。

（二）学术论文的种类

按研究对象，有自然科学论文和社会科学论文。

按研究内容，有理论研究论文和应用研究论文。

理论研究论文，通常以提供新的科研成果或创新性的见解为特征，侧重于对某种理论在实际应用或研究中的进展进行总结，目的是认识现象，获得关于现象、事实的基本原理的知识，不太考虑直接的应用，学术性较强。

应用研究论文，其现实对象和目标非常明确，是为了解决实际的问题提供科学依据和方法，具有直接干预现实的作用。

（三）学术论文的特点

创新性：创新性是学术论文的灵魂。选题的创新性、开题报告对选题价值的介绍，必须最终在学术论文中得到落实和体现。学术论文的创新性体现在针对某一选题，研究者必须在学术论文中体现出对前人研究的发展。创新性可以表现为以下几个方面：研究前人没有研究过的课题并提出见解，补充前人观点的不足并加以完善，发现前人观点的错误并加以纠正，综合前人的理解并提出新见等。

理论性：学术论文的理论性体现在两个方面：一是学术论文的写作需要理论的介入，尤其是理论研究中，理论的介入是必备的要素，不同的理论会形成不同的结论，即便是应用研究中，也常常需要理论的参与。二是学术论文呈现的结论，要具有理论性的价值，尤其是一些现象研究、个案研究，要能够从个案上升到一般、从现象上升到理论、从偶然上升到规律，从而对类型现象形成参考价值。

科学性：学术论文的科学性体现在论证过程的严密性和论点的合理性。学术论文的写作应该是个严密的论证过程，论证过程要严密，要符合逻辑，观点要从材料中来，并经得起检验。要确保用科学的方法得到科学的观点。

（四）学术论文的结构

学术论文的外在结构包括以下几个要素：标题、署名、摘要、关键词、引言、正文、结语、注释、参考文献几部分。在学位论文中，会增加目录、后记，可以根据情况确定是否需要附录。

二、学术论文的写作

（一）标　题

学术论文的标题，是文章非常重要的组成部分，具有高度的概括性，通常是对研究对象、观点高度提炼的表述。

写作要领：

作为论文的首要信息，要用最恰当的、合乎逻辑的词语反映论文最重要的内容。论文的标题应该做到“准确、规范、清楚、简洁”。

“准确”是指标题要能准确概括正文的内容，是对研究对象、观点最恰当的概括，不能“文不对题”。

“规范”是指标题的表述要符合相应的学术要求。标题要体现学术论文庄重性的特点，学术论文标题慎用比喻、夸张、双关等修辞手段，应避免使用生僻的缩略语、字符、代号和公式等，学位论文还要慎重选择“浅议、小议、浅谈、略论”等词语。

“清楚”是指如果标题是对研究对象或研究问题的概括，那么对研究对象、问题的概括要清楚、明确，如果标题是对观点的概括，那么对观点的概括要清楚、明确，绝不可以含混、朦胧，更不能有歧义。

“简洁”是指在满足“准确、规范、清楚”的要求后，标题要尽可能简短，最好不要超过 22 个字，如有必要可以使用副标题加以限定或补充。

学术论文与选题、开题报告的标题要遵循的规范大体相同，但也存在一些差别。差别在于：选题、开题报告的标题具有预想性，拟制标题时多依据研究者对正文的设想，而学术论文标题的确定依据是正文的内容，必须做到“题文照应”。因此，“选题——开题报告的题目——学术论文的题目”是一个从模糊到准确、从预想到确定的过程，要在适当的时候对标题进行修改和完善，当出现和预想观点不同甚至相反的结论时，甚至可以推翻原来的标题。

（二）署　名

署名既是作者的权利，表明作者对作品的著作权，也是作者的责任，表明作者所需承担的责任和义务。署名可以是一个或多个，多个署名时可以包括对研究有杰出贡献的人员、直接或间接参与研究的人员、参与撰写的成员。多人署名时要注意排列的顺序。

（三）摘　要

摘要是对论文的简要陈述，起梗概的作用，主要介绍论文的研究对象、研究目的、采用的方法、得到的结果与结论，是对正文部分高度概括性的表达。

写作要领：

摘要的内容一般应说明研究的目的、方法、结果或结论。重要的是结果和结论。通过摘要，可以使读者方便、快捷了解论文正文的梗概。

摘要用一个自然段表述，汉字字数在 200 ~ 300 字。一般省略人称，不用图表、化学结构式和非公知公用的符号、术语。

（四）关键词

关键词是用来表达论文主题内容信息的词语或短语，是对论文研究对象、方法、观点的极致的浓缩。关键词显示研究者对选题重点、价值的把握。当论文发表、或知网收录后，关键词将影响论文的搜索率、下载率、转载率、引用率。因此关键词的设置要谨慎。

写作要领：

关键词一般 3 ~ 5 个，不宜过多或过少，最好不全部从标题中析出，应和标题有所区分。关键词可以是对论文关键问题、重点对象、主要方法、最终结论、创新或价值的体现。

（五）绪　论

绪论又称“引言”，是研究正文的开场介绍。绪论一般会简要说明研究的对象、范围、前人研究状况、存在的不足，还可以提出研究设想、预期结果、研究的价值等内容。对涉及主体部分的概念、方法、争议性的问题等内容，也会在绪论部分提前理清，从而确保第一章开始进入正题。

写作要领：

写作绪论时要注意三个问题：一是区分绪论和摘要的不同。摘要是对研究全文的高度概括，与研究全文、全过程相关，而绪论主要是为正文的展开服务。二是与正文直接相关的研究背景和意义、模糊性的概念、争议性的角度等问题要放在绪论中进行界定和理清，确保正文开门见山。三是绪论是全文的“序”，因此不列入章节，不写作“第一章 绪论”。

（六）正　文

正文是学术论文的核心部分，功能是：展开论题、分析论证。由于研究涉及的学科、选题、方法、进程、结果等不同，主体部分的写作要求没有统一的规定。但任何学术论文主体的写作，都要做到条理清晰、逻辑严密。

写作要领：

正文的写作是不断否定和矫正的过程。学术论文论证的严谨性就体现在：一旦论证不够严密，就会产生漏洞，从而使结论站不住脚；一旦路径或方法不合理，就会影响结论的周延，从而倒逼研究者重新完善研究。论文的写作要求各部分环环相扣、相互支撑，因此每部分的写作并无定法，最重要的是相互印证，最终“自圆其说”。

学术论文正文的写作和读后感有很大不同。初写论文的人常常不能准确把握学术论文和读后感的区别。学术论文和读后感的关联在于：两个文种都可用以表达个人见解，在特定学科，不论是学术论文还是读后感的写作都需要情感共鸣的基础。两者的不同在于对感性和理性的倚重差异：读后感侧重于作者的情感共鸣，而学术论文更侧重于理性思考和思辨程度，即便有情感共鸣，也要求必须将情感上升到理性。

（七）结　语

结语是论文的结束部分，用以展现论文最终的、总体的结论，是主体部分论证的延伸。结语的内容可以是：研究的结论，反映的规律，创新和价值，可能产生怎样的意义等。

（八）注　释

写论文，凡引用了已公开发表的文章、数据、图片等文献资料，都应该在注释中列出相关信息。这样既说明研究成果的真实依据，体现研究的科学态度和求实精神，也是对他人研究成果的尊重。

写作要领：

注释分为脚注和尾注，脚注是在注释对象所在页面底部进行解释说明的注释类型，尾注是在正文结束后进行解释说明的注释类型。一般在两种情况下会用到注释：一是正文中有必要对某个问题进行说明和解释，为了避免说明或解释的内容打断正文表达的连贯性，就可以通过注释的方式兼顾内容的严谨和表达的连贯。二是引用别人的研究内容，真正有质量的研究必须建立在对前人研究的批判和继承基础上，因此，正文中常常就需要引用他人的研究，当引用他人语句、观点时，就必须用注释标明出处。

（九）参考文献

参考文献是对写作论文具有启发作用和参考价值的文献。参考文献可分为两种：一种是已经在注释部分出现的文献，另一种是注释中并未采用，但对研究有较强的参考和指导意义，启发了研究者的思考，也应该列入参考文献。

（十）附　录

有些在研究过程中形成的资料，不便放进正文，但却对正文有重要的证明作用，这种情况下，为了保证正文的连贯性和论证的严谨性，就可以将这些资料放在附录进行处理。如调查问卷、观察记录、原始数据、引用的外文原文、作家作品、有补充的学术信息、必要的图像和照片、专业术语的解释，等等。

（十一）后　记

在学位论文中会有后记。后记是作者对在论文写作中给予自己帮助、指导，提供便利条件的单位和个人，对给自己提供研究思想和设想的人，以及作者认为应该感谢的组织和个人表达谢意。

写作要领：

后记的写作既没有相应的格式规范，也没有特定的语言要求。但后记的写作却最能显示研究者写作论文的心路历程，从而间接反映研究者的认真程度和学术水平，因此后记的写作绝对不能懈怠。

后记写作最重要的是认真、真诚，不能把后记仅仅当作是论文的收尾，而要当作对相关学业一次认真的回顾和总结，也是对求知路上师长、朋友、家人一次的真诚的致谢。

附 录

附录一　党政机关公文处理工作条例

第一章　总　　则

第一条　为了适应中国共产党机关和国家行政机关（以下简称党政机关）工作需要，推进党政机关公文处理工作科学化、制度化、规范化，制定本条例。

第二条　本条例适用于各级党政机关公文处理工作。

第三条　党政机关公文是党政机关实施领导、履行职能、处理公务的具有特定效力和规范体式的文书，是传达贯彻党和国家的方针政策，公布法规和规章，指导、布置和商洽工作，请示和答复问题，报告、通报和交流情况等的重要工具。

第四条　公文处理工作是指公文拟制、办理、管理等一系列相互关联、衔接有序的工作。

第五条　公文处理工作应当坚持实事求是、准确规范、精简高效、安全保密的原则。

第六条　各级党政机关应当高度重视公文处理工作，加强组织领导，强化队伍建设，设立文秘部门或者由专人负责公文处理工作。

第七条　各级党政机关办公厅（室）主管本机关的公文处理工作，并对下级机关的公文处理工作进行业务指导和督促检查。

第二章　公文种类

第八条　公文种类主要有：

（一）决议。适用于会议讨论通过的重大决策事项。

（二）决定。适用于对重要事项作出决策和部署、奖惩有关单位和人员、变更或者撤销下级机关不适当的决定事项。

（三）命令（令）。适用于公布行政法规和规章、宣布施行重大强制性措施、批准授予和晋升衔级、嘉奖有关单位和人员。

（四）公报。适用于公布重要决定或者重大事项。

（五）公告。适用于向国内外宣布重要事项或者法定事项。

（六）通告。适用于在一定范围内公布应当遵守或者周知的事项。

（七）意见。适用于对重要问题提出见解和处理办法。

（八）通知。适用于发布、传达要求下级机关执行和有关单位周知或者执行的事项，批转、转发公文。

（九）通报。适用于表彰先进、批评错误、传达重要精神和告知重要情况。

（十）报告。适用于向上级机关汇报工作、反映情况，回复上级机关的询问。

（十一）请示。适用于向上级机关请求指示、批准。

（十二）批复。适用于答复下级机关请示事项。

（十三）议案。适用于各级人民政府按照法律程序向同级人民代表大会或者人民代表大会常务委员会提请审议事项。

（十四）函。适用于不相隶属机关之间商洽工作、询问和答复问题、请求批准和答复审批事项。

（十五）纪要。适用于记载会议主要情况和议定事项。

第三章　公文格式

第九条　公文一般由份号、密级和保密期限、紧急程度、发文机关标志、发文字号、签发人、标题、主送机关、正文、附件说明、发文机关署名、成文日期、印章、附注、附件、抄送机关、印发机关和印发日期、页码等组成。

（一）份号。公文印制份数的顺序号。涉密公文应当标注份号。

（二）密级和保密期限。公文的秘密等级和保密的期限。涉密公文应当根据涉密程度分别标注“绝密”“机密”“秘密”和保密期限。

（三）紧急程度。公文送达和办理的时限要求。根据紧急程度，紧急公文应当分别标注“特急”“加急”，电报应当分别标注“特提”“特急”“加急”“平急”。

（四）发文机关标志。由发文机关全称或者规范化简称加“文件”二字组成，也可以使用发文机关全称或者规范化简称。联合行文时，发文机关标志可以并用联合发文机关名称，也可以单独用主办机关名称。

（五）发文字号。由发文机关代字、年份、发文顺序号组成。联合行文时，使用主办机关的发文字号。

（六）签发人。上行文应当标注签发人姓名。

（七）标题。由发文机关名称、事由和文种组成。

（八）主送机关。公文的主要受理机关，应当使用机关全称、规范化简称或者同类型机关统称。

（九）正文。公文的主体，用来表述公文的内容。

（十）附件说明。公文附件的顺序号和名称。

（十一）发文机关署名。署发文机关全称或者规范化简称。

（十二）成文日期。署会议通过或者发文机关负责人签发的日期。联合行文时，署最后签发机关负责人签发的日期。

（十三）印章。公文中有发文机关署名的，应当加盖发文机关印章，并与署名机关相符。有特定发文机关标志的普发性公文和电报可以不加盖印章。

（十四）附注。公文印发传达范围等需要说明的事项。

（十五）附件。公文正文的说明、补充或者参考资料。

（十六）抄送机关。除主送机关外需要执行或者知晓公文内容的其他机关，应当使用机关全称、规范化简称或者同类型机关统称。

（十七）印发机关和印发日期。公文的送印机关和送印日期。

（十八）页码。公文页数顺序号。

第十条 公文的版式按照《党政机关公文格式》国家标准执行。

第十一条 公文使用的汉字、数字、外文字符、计量单位和标点符号等，按照有关国家标准和规定执行。民族自治地方的公文，可以并用汉字和当地通用的少数民族文字。

第十二条 公文用纸幅面采用国际标准 A4 型。特殊形式的公文用纸幅面，根据实际需要确定。

第四章 行文规则

第十三条 行文应当确有必要，讲求实效，注重针对性和可操作性。

第十四条 行文关系根据隶属关系和职权范围确定。一般不得越级行文，特殊情况需要越级行文的，应当同时抄送被越过的机关。

第十五条 向上级机关行文，应当遵循以下规则：

（一）原则上主送一个上级机关，根据需要同时抄送相关上级机关和同级机关，不抄送下级机关。

（二）党委、政府的部门向上级主管部门请示、报告重大事项，应当经本级党委、政府同意或者授权；属于部门职权范围内的事项应当直接报送上级主管部门。

（三）下级机关的请示事项，如需以本机关名义向上级机关请示，应当提出倾向性意见后上报，不得原文转报上级机关。

（四）请示应当一文一事。不得在报告等非请示性公文中夹带请示事项。

（五）除上级机关负责人直接交办事项外，不得以本机关名义向上级机关负责人报送公文，不得以本机关负责人名义向上级机关报送公文。

（六）受双重领导的机关向一个上级机关行文，必要时抄送另一个上级机关。

第十六条 向下级机关行文，应当遵循以下规则：

（一）主送受理机关，根据需要抄送相关机关。重要行文应当同时抄送发文机关的直接上级机关。

（二）党委、政府的办公厅（室）根据本级党委、政府授权，可以向下级党委、政府行文，其他部门和单位不得向下级党委、政府发布指令性公文或者在公文中向下级党委、政府提出指令性要求。需经政府审批的具体事项，经政府同意后可以由政府职能部门行文，文中须注明已经政府同意。

（三）党委、政府的部门在各自职权范围内可以向下级党委、政府的相关部门行文。

（四）涉及多个部门职权范围内的事务，部门之间未协商一致的，不得向下行文；擅自行文的，上级机关应当责令其纠正或者撤销。

（五）上级机关向受双重领导的下级机关行文，必要时抄送该下级机关的另一个上级机关。

第十七条 同级党政机关、党政机关与其他同级机关必要时可以联合行文。属于党委、政府各自职权范围内的工作，不得联合行文。

党委、政府的部门依据职权可以相互行文。

部门内设机构除办公厅（室）外不得对外正式行文。

第五章　公文拟制

第十八条　公文拟制包括公文的起草、审核、签发等程序。

第十九条　公文起草应当做到：

（一）符合党的理论路线方针政策和国家法律法规，完整准确体现发文机关意图，并同现行有关公文相衔接。

（二）一切从实际出发，分析问题实事求是，所提政策措施和办法切实可行。

（三）内容简洁，主题突出，观点鲜明，结构严谨，表述准确，文字精练。

（四）文种正确，格式规范。

（五）深入调查研究，充分进行论证，广泛听取意见。

（六）公文涉及其他地区或者部门职权范围内的事项，起草单位必须征求相关地区或者部门意见，力求达成一致。

（七）机关负责人应当主持、指导重要公文起草工作。

第二十条　公文文稿签发前，应当由发文机关办公厅（室）进行审核。审核的重点是：

（一）行文理由是否充分，行文依据是否准确。

（二）内容是否符合党的理论路线方针政策和国家法律法规；是否完整准确体现发文机关意图；是否同现行有关公文相衔接；所提政策措施和办法是否切实可行。

（三）涉及有关地区或者部门职权范围内的事项是否经过充分协商并达成一致意见。

（四）文种是否正确，格式是否规范；人名、地名、时间、数字、段落顺序、引文等是否准确；文字、数字、计量单位和标点符号等用法是否规范。

（五）其他内容是否符合公文起草的有关要求。

需要发文机关审议的重要公文文稿，审议前由发文机关办公厅（室）进行初核。

第二十一条　经审核不宜发文的公文文稿，应当退回起草单位并说明理由；符合发文条件但内容需作进一步研究和修改的，由起草单位修改后重新报送。

第二十二条　公文应当经本机关负责人审批签发。重要公文和上行文由机关主要负责人签发。党委、政府的办公厅（室）根据党委、政府授权制发的公文，由受权机关主要负责人签发或者按照有关规定签发。签发人签发公文，应当签署意见、姓名和完整日期；圈阅或者签名的，视为同意。联合发文由所有联署机关的负责人会签。

第六章　公文办理

第二十三条　公文办理包括收文办理、发文办理和整理归档。

第二十四条　收文办理主要程序是：

（一）签收。对收到的公文应当逐件清点，核对无误后签字或者盖章，并注明签收时间。

（二）登记。对公文的主要信息和办理情况应当详细记载。

（三）初审。对收到的公文应当进行初审。初审的重点是：是否应当由本机关办理，是否符合行文规则，文种、格式是否符合要求，涉及其他地区或者部门职权范围内的事项是否已经协商、会签，是否符合公文起草的其他要求。经初审不符合规定的公文，应当及时退回来文单位并说明理由。

（四）承办。阅知性公文应当根据公文内容、要求和工作需要确定范围后分送。批办性公文应当提出拟办意见报本机关负责人批示或者转有关部门办理；需要两个以上部门办理的，应当明确主办部门。紧急公文应当明确办理时限。承办部门对交办的公文应当及时办理，有明确办理时限要求的应当在规定时限内办理完毕。

（五）传阅。根据领导批示和工作需要将公文及时送传阅对象阅知或者批示。办理公文传阅应当随时掌握公文去向，不得漏传、误传、延误。

（六）催办。及时了解掌握公文的办理进展情况，督促承办部门按期办结。紧急公文或者重要公文应当由专人负责催办。

（七）答复。公文的办理结果应当及时答复来文单位，并根据需要告知相关单位。

第二十五条 发文办理主要程序是：

（一）复核。已经发文机关负责人签批的公文，印发前应当对公文的审批手续、内容、文种、格式等进行复核；需作实质性修改的，应当报原签批人复审。

（二）登记。对复核后的公文，应当确定发文字号、分送范围和印制份数并详细记载。

（三）印制。公文印制必须确保质量和时效。涉密公文应当在符合保密要求的场所印制。

（四）核发。公文印制完毕，应当对公文的文字、格式和印刷质量进行检查后分发。

第二十六条 涉密公文应当通过机要交通、邮政机要通信、城市机要文件交换站或者收发件机关机要收发人员进行传递，通过密码电报或者符合国家保密规定的计算机信息系统进行传输。

第二十七条 需要归档的公文及有关材料，应当根据有关档案法律法规以及机关档案管理规定，及时收集齐全、整理归档。两个以上机关联合办理的公文，原件由主办机关归档，相关机关保存复制件。机关负责人兼任其他机关职务的，在履行所兼职务过程中形成的公文，由其兼职机关归档。

第七章　公文管理

第二十八条 各级党政机关应当建立健全本机关公文管理制度，确保管理严格规范，充分发挥公文效用。

第二十九条 党政机关公文由文秘部门或者专人统一管理。设立党委（党组）的县级以上单位应当建立机要保密室和机要阅文室，并按照有关保密规定配备工作人员和必要的安全保密设施设备。

第三十条 公文确定密级前，应当按照拟定的密级先行采取保密措施。确定密级后，应当按照所定密级严格管理。绝密级公文应当由专人管理。

公文的密级需要变更或者解除的，由原确定密级的机关或者其上级机关决定。

第三十一条 公文的印发传达范围应当按照发文机关的要求执行；需要变更的，应当经发文机关批准。

涉密公文公开发布前应当履行解密程序。公开发布的时间、形式和渠道，由发文机关确定。

经批准公开发布的公文，同发文机关正式印发的公文具有同等效力。

第三十二条 复制、汇编机密级、秘密级公文，应当符合有关规定并经本机关负责人批准。绝密级公文一般不得复制、汇编，确有工作需要的，应当经发文机关或者其上级机关批准。复制、汇编的公文视同原件管理。

复制件应当加盖复制机关戳记。翻印件应当注明翻印的机关名称、日期。汇编本的密级按照编入公文的最高密级标注。

第三十三条 公文的撤销和废止，由发文机关、上级机关或者权力机关根据职权范围和有关法律法规决定。公文被撤销的，视为自始无效；公文被废止的，视为自废止之日起失效。

第三十四条 涉密公文应当按照发文机关的要求和有关规定进行清退或者销毁。

第三十五条 不具备归档和保存价值的公文，经批准后可以销毁。销毁涉密公文必须严格按照有关规定履行审批登记手续，确保不丢失、不漏销。个人不得私自销毁、留存涉密公文。

第三十六条 机关合并时，全部公文应当随之合并管理；机关撤销时，需要归档的公文经整理后按照有关规定移交档案管理部门。

工作人员离岗离职时，所在机关应当督促其将暂存、借用的公文按照有关规定移交、清退。

第三十七条 新设立的机关应当向本级党委、政府的办公厅（室）提出发文立户申请。经审查符合条件的，列为发文单位，机关合并或者撤销时，相应进行调整。

第八章　附　　则

第三十八条 党政机关公文含电子公文。电子公文处理工作的具体办法另行制定。

第三十九条 法规、规章方面的公文，依照有关规定处理。外事方面的公文，依照外事主管部门的有关规定处理。

第四十条 其他机关和单位的公文处理工作，可以参照本条例执行。

第四十一条 本条例由中共中央办公厅、国务院办公厅负责解释。

第四十二条 本条例自 2012 年 7 月 1 日起施行。1996 年 5 月 3 日中共中央办公厅发布的《中国共产党机关公文处理条例》和 2000 年 8 月 24 日国务院发布的《国家行政机关公文处理办法》停止执行。

附录二　党政机关公文格式

1　范围

本标准规定了党政机关公文通用的纸张要求、排版和印制装订要求、公文格式各要素的编排规则，并给出了公文的式样。

本标准适用于各级党政机关制发的公文。其他机关和单位的公文可以参照执行。

使用少数民族文字印制的公文，其用纸、幅面尺寸及版面、印制等要求按照本标准执行，其余可以参照本标准并按照有关规定执行。

2　规范性引用文件

下列文件对于本标准的应用是必不可少的。凡是注日期的引用文件，仅所注日期的版本适用于本标准。凡是不注日期的引用文件，其最新版本（包括所有的修改单）适用于本标准。

GB/T 148 印刷、书写和绘图纸幅面尺寸

GB 3100 国际单位制及其应用

GB 3101 有关量、单位和符号的一般原则

GB 3102（所有部分）量和单位

GB/T 15834 标点符号用法

GB/T 15835 出版物上数字用法

3　术语和定义

下列术语和定义适用于本标准。

3.1

字 word

标示公文中横向距离的长度单位。在本标准中，一字指一个汉字宽度的距离。

3.2

行 line

标示公文中纵向距离的长度单位。在本标准中，一行指一个汉字的高度加 3 号汉字高度的 7/8 的距离。

4　公文用纸主要技术指标

公文用纸一般使用纸张定量为 60 g/m~80 g/m 的胶版印刷纸或复印纸。纸张白度 80%~90%，横向耐折度≥15 次，不透明度≥85%，pH 值为 7.5~9.5。

5　公文用纸幅面尺寸及版面要求

5.1　幅面尺寸

公文用纸采用 GB/T 148 中规定的 A4 型纸，其成品幅面尺寸为：210 mm × 297 mm。

GB/T 9704-2012

5.2　版面

5.2.1 页边与版心尺寸

公文用纸天头（上白边）为 37 mm ± 1 mm，公文用纸订口（左白边）为 28mm ± 1mm，版心尺寸为 156 mm × 225 mm。

5.2.2　字体和字号

如无特殊说明，公文格式各要素一般用 3 号仿宋体字。特定情况可以作适当调整。

5.2.3　行数和字数

一般每面排 22 行，每行排 28 个字，并撑满版心。特定情况可以作适当调整。

5.2.4 文字的颜色

如无特殊说明，公文中文字的颜色均为黑色。

6 印制装订要求

6.1 制版要求

版面干净无底灰，字迹清楚无断划，尺寸标准，版心不斜，误差不超过 1 mm。

6.2 印刷要求

双面印刷；页码套正，两面误差不超过 2 mm。黑色油墨应当达到色谱所标 BL100%，红色油墨应当达到色谱所标 Y80%、M80%。印品着墨实、均匀；字面不花、不白、无断划。

6.3 装订要求

公文应当左侧装订，不掉页，两页页码之间误差不超过 4 mm，裁切后的成品尺寸允许误差 ± 2mm，四角成 90°，无毛茬或缺损。

骑马订或平订的公文应当：

a）订位为两钉外订眼距版面上下边缘各 70 mm 处，允许误差 ± 4mm；

b）无坏钉、漏钉、重钉，钉脚平伏牢固；

c）骑马订钉锯均订在折缝线上，平订钉锯与书脊间的距离为 3mm~5mm。

包本装订公文的封皮（封面、书脊、封底）与书芯应吻合、包紧、包平、不脱落。

7 公文格式各要素编排规则

7.1 公文格式各要素的划分

本标准将版心内的公文格式各要素划分为版头、主体、版记三部分。公文首页红色分隔线以上的部分称为版头；公文首页红色分隔线（不含）以下、公文末页首条分隔线（不含）以上的部分称为主体；公文末页首条分隔线以下、末条分隔线以上的部分称为版记。

页码位于版心外。

7.2 版头

7.2.1 份号

如需标注份号，一般用 6 位 3 号阿拉伯数字，顶格编排在版心左上角第一行。

7.2.2 密级和保密期限

如需标注密级和保密期限，一般用 3 号黑体字，顶格编排在版心左上角第二行；保密期限中的数字用阿拉伯数字标注。

7.2.3 紧急程度

如需标注紧急程度，一般用 3 号黑体字，顶格编排在版心左上角；如需同时标注份号、密级和保密期限、紧急程度，按照份号、密级和保密期限、紧急程度的顺序自上而下分行排列。

7.2.4 发文机关标志

由发文机关全称或者规范化简称加“文件”二字组成，也可以使用发文机关全称或者规范化简称。

发文机关标志居中排布，上边缘至版心上边缘为 35mm，推荐使用小标宋体字，颜色为红色，以醒目、美观、庄重为原则。

联合行文时，如需同时标注联署发文机关名称，一般应当将主办机关名称排列在前；如有“文件”二字，应当置于发文机关名称右侧，以联署发文机关名称为准上下居中排布。

7.2.5　发文字号

编排在发文机关标志下空二行位置，居中排布。年份、发文顺序号用阿拉伯数字标注；年份应标全称，用六角括号“〔 〕”括入；发文顺序号不加“第”字，不编虚位（即 1 不编为 01），在阿拉伯数字后加“号”字。

上行文的发文字号居左空一字编排，与最后一个签发人姓名处在同一行。

7.2.6　签发人

由“签发人”三字加全角冒号和签发人姓名组成，居右空一字，编排在发文机关标志下空二行位置。“签发人”三字用 3 号仿宋体字，签发人姓名用 3 号楷体字。

如有多个签发人，签发人姓名按照发文机关的排列顺序从左到右、自上而下依次均匀编排，一般每行排两个姓名，回行时与上一行第一个签发人姓名对齐。

7.2.7　版头中的分隔线

发文字号之下 4 mm 处居中印一条与版心等宽的红色分隔线。

7.3　主体

7.3.1　标题

一般用 2 号小标宋体字，编排于红色分隔线下空二行位置，分一行或多行居中排布；回行时，要做到词意完整，排列对称，长短适宜，间距恰当，标题排列应当使用梯形或菱形。

7.3.2　主送机关

编排于标题下空一行位置，居左顶格，回行时仍顶格，最后一个机关名称后标全角冒号。如主送机关名称过多导致公文首页不能显示正文时，应当将主送机关名称移至版记，标注方法见 7.4.2。

7.3.3　正文

公文首页必须显示正文。一般用 3 号仿宋体字，编排于主送机关名称下一行，每个自然段左空二字，回行顶格。文中结构层次序数依次可以用“一、”“（一）”“1.”“（1）”标注；一般第一层用黑体字、第二层用楷体字、第三层和第四层用仿宋体字标注。

7.3.4　附件说明

如有附件，在正文下空一行左空二字编排“附件”二字，后标全角冒号和附件名称。如有多个附件，使用阿拉伯数字标注附件顺序号（如“附件：1.×××××”）；附件名称后不加标点符号。附件名称较长需回行时，应当与上一行附件名称的首字对齐。

7.3.5　发文机关署名、成文日期和印章

7.3.5.1　加盖印章的公文

成文日期一般右空四字编排，印章用红色，不得出现空白印章。

单一机关行文时，一般在成文日期之上、以成文日期为准居中编排发文机关署名，印章端正、居中下压发文机关署名和成文日期，使发文机关署名和成文日期居印章中

心偏下位置，印章顶端应当上距正文（或附件说明）一行之内。

联合行文时，一般将各发文机关署名按照发文机关顺序整齐排列在相应位置，并将印章一一对应、端正、居中下压发文机关署名，最后一个印章端正、居中下压发文机关署名和成文日期，印章之间排列整齐、互不相交或相切，每排印章两端不得超出版心，首排印章顶端应当上距正文（或附件说明）一行之内。

7.3.5.2　不加盖印章的公文

单一机关行文时，在正文（或附件说明）下空一行右空二字编排发文机关署名，在发文机关署名下一行编排成文日期，首字比发文机关署名首字右移二字，如成文日期长于发文机关署名，应当使成文日期右空二字编排，并相应增加发文机关署名右空字数。

联合行文时，应当先编排主办机关署名，其余发文机关署名依次向下编排。

7.3.5.3　加盖签发人签名章的公文

单一机关制发的公文加盖签发人签名章时，在正文（或附件说明）下空二行右空四字加盖签发人签名章，签名章左空二字标注签发人职务，以签名章为准上下居中排布。在签发人签名章下空一行右空四字编排成文日期。

联合行文时，应当先编排主办机关签发人职务、签名章，其余机关签发人职务、签名章依次向下编排，与主办机关签发人职务、签名章上下对齐；每行只编排一个机关的签发人职务、签名章；签发人职务应当标注全称。

签名章一般用红色。

7.3.5.4　成文日期中的数字

用阿拉伯数字将年、月、日标全，年份应标全称，月、日不编虚位（即 1 不编为 01）。

7.3.5.5　特殊情况说明

当公文排版后所剩空白处不能容下印章或签发人签名章、成文日期时，可以采取调整行距、字距的措施解决。

7.3.6　附注

如有附注，居左空二字加圆括号编排在成文日期下一行。

7.3.7　附件

附件应当另面编排，并在版记之前，与公文正文一起装订。“附件”二字及附件顺序号用 3 号黑体字顶格编排在版心左上角第一行。附件标题居中编排在版心第三行。附件顺序号和附件标题应当与附件说明的表述一致。附件格式要求同正文。

如附件与正文不能一起装订，应当在附件左上角第一行顶格编排公文的发文字号并在其后标注“附件”二字及附件顺序号。

7.4　版记

7.4.1　版记中的分隔线

版记中的分隔线与版心等宽，首条分隔线和末条分隔线用粗线（推荐高度为 0.35 mm），中间的分隔线用细线（推荐高度为 0.25 mm）。首条分隔线位于版记中第一个要素之上，末条分隔线与公文最后一面的版心下边缘重合。

7.4.2　抄送机关

如有抄送机关，一般用 4 号仿宋体字，在印发机关和印发日期之上一行、左右各空一字编排。“抄送”二字后加全角冒号和抄送机关名称，回行时与冒号后的首字对齐，最后一个抄送机关名称后标句号。

如需把主送机关移至版记，除将“抄送”二字改为“主送”外，编排方法同抄送机关。既有主送机关又有抄送机关时，应当将主送机关置于抄送机关之上一行，之间不加分隔线。

7.4.3　印发机关和印发日期

印发机关和印发日期一般用 4 号仿宋体字，编排在末条分隔线之上，印发机关左空一字，印发日期右空一字，用阿拉伯数字将年、月、日标全，年份应标全称，月、日不编虚位（即 1 不编为 01），后加“印发”二字。

版记中如有其他要素，应当将其与印发机关和印发日期用一条细分隔线隔开。

7.5　页码

一般用 4 号半角宋体阿拉伯数字，编排在公文版心下边缘之下，数字左右各放一条一字线；一字线上距版心下边缘 7 mm。单页码居右空一字，双页码居左空一字。公文的版记页前有空白页的，空白页和版记页均不编排页码。公文的附件与正文一起装订时，页码应当连续编排。

GB/T 9704-2012

8　公文中的横排表格

A4 纸型的表格横排时，页码位置与公文其他页码保持一致，单页码表头在订口一边，双页码表头在切口一边。

9　公文中计量单位、标点符号和数字的用法

公文中计量单位的用法应当符合 GB 3100、GB 3101 和 GB 3102（所有部分），标点符号的用法应当符合 GB/T 15834，数字用法应当符合 GB/T 15835。

10　公文的特定格式

10.1　信函格式

发文机关标志使用发文机关全称或者规范化简称，居中排布，上边缘至上页边为 30 mm，推荐使用红色小标宋体字。联合行文时，使用主办机关标志。

发文机关标志下 4 mm 处印一条红色双线（上粗下细），距下页边 20 mm 处印一条红色双线（上细下粗），线长均为 170 mm，居中排布。

如需标注份号、密级和保密期限、紧急程度，应当顶格居版心左边缘编排在第一条红色双线下，按照份号、密级和保密期限、紧急程度的顺序自上而下分行排列，第一个要素与该线的距离为 3 号汉字高度的 7/8。

发文字号顶格居版心右边缘编排在第一条红色双线下，与该线的距离为 3 号汉字高度的 7/8。

标题居中编排，与其上最后一个要素相距二行。

第二条红色双线上一行如有文字，与该线的距离为 3 号汉字高度的 7/8。

首页不显示页码。

版记不加印发机关和印发日期、分隔线，位于公文最后一面版心内最下方。

10.2　命令（令）格式

发文机关标志由发文机关全称加“命令”或“令”字组成，居中排布，上边缘至版心上边缘为 20 mm，推荐使用红色小标宋体字。

发文机关标志下空二行居中编排令号，令号下空二行编排正文。

签发人职务、签名章和成文日期的编排见 7.3.5.3。

10.3　纪要格式

纪要标志由“×××××纪要”组成，居中排布，上边缘至版心上边缘为 35 mm，推荐使用红色小标宋体字。

标注出席人员名单，一般用 3 号黑体字，在正文或附件说明下空一行左空二字编排“出席”二字，后标全角冒号，冒号后用 3 号仿宋体字标注出席人单位、姓名，回行时与冒号后的首字对齐。

标注请假和列席人员名单，除依次另起一行并将“出席”二字改为“请假”或“列席”外，编排方法同出席人员名单。

纪要格式可以根据实际制定。

11　式样（略）

参考文献

[1] 徐成华. 党政机关公文格式·国家标准应用指南[M]. 北京：中国标准出版社，2012.

[2] 郝立新. 应用文写作[M]. 北京：清华大学出版社，2012.

[3] 章毅. 大学应用文写作教程，天津：南开大学出版社，2012.

[4] 岳海翔，裴显生. 公文写作教程 [M]. 2 版. 北京：高等教育出版社，2013.

[5] 张文英. 新编应用文写作教程[M].天津：南开大学出版社，2013.

[6] 孙秀秋. 应用写作教程[M]. 北京：中国人民大学出版社，2014.

[7] 叶黔达，柯世华. 现代公文写作与处理最新规范 观念 技巧[M]. 成都：四川人民出版社，2016.